Amstrad: LA MIA INCREDIBILE AVVENTURA MARKETING con Alan Sugar

Edizione 1

Serie: Marketing è combattere 1

Come ho creato in tre anni un mercato da zero a 112 miliardi

In questo libro spiego e documento con 120 immagini come sia riuscito a realizzare in tre mesi la filiale italiana dell'inglese Amstrad Plc, con tutte le sue strutture ed in tre anni a fatturare in totale oltre 220 miliardi di lire.

AMSTRAD: LA MIA INCREDIBILE AVVENTURA MARKETING
con Alan Sugar (BN)

Come in tre anni ho creato un mercato da zero a 112 miliardi

Edizione 1

Serie: Marketing è combattere 1

Edizione eBook: https://amzn.to/2mmGiDp
Edizione brossura a colori: https://amzn.to/2msWGCy

Ettore Accenti

Linkedin: Ettore Accenti
Blog: http://bit.ly/1qZ9SeK

ETTORE ACCENTI PUBLISHING

Ettore Accenti

Amstrad: la mia incredibile avventura marketing con Alan Sugar (BN)

Edizione 1

Serie: Marketing è combattere 1

(rev 22/09/2021)

ISBN-13: 9781986060684

Copyright © 2019 ETTORE ACCENTI PUBLISHING

Dedica

A mia moglie Eva, che ha pazientemente corretto il testo e fornito utili suggerimenti anche per questa seconda edizione

L'autore

Il fare qualcosa, combinandone una delle mie al giorno, credo sia cominciato quando avevo cinque anni. A otto anni smontavo la macchina da cucire della mia mamma e per rimontargliela sotto varie minacce, ci impiegai due giorni. A dodici anni costruivo piccoli missili in campagna ed uno su dieci riuscivo anche a farli volare ... gli altri nove esplodevano regolarmente, a volte ferendomi. A quindici anni ho montato un piccolo motore a benzina sulla mia bicicletta ed era più il tempo che impiegavo ad aggiustarlo di quello per circolare. A 16 anni mi sono costruito una trasmittente per copiare i compiti a scuola e mi fu subito sequestrata dai professori con tirata d'orecchie. A 18 anni spaventavo le ragazze in bicicletta in un paese del Veneto facendo strisce di polvere da sparo sulla strada ed accendendole quando ci passavano sopra. A 22 anni, in estate, sono andato a Londra per un corso di inglese e mi sono trovato una ragazza mora e carina vicina di banco che solo sette anni dopo avrei sposato e che solo dopo mi rivelò che quel mio libro scomparso me lo aveva rubato lei. Cosa altro posso raccontare in una breve descrizione della mia vita che non sia noiosa come tutte le biografie? Che sono passati 40 anni da allora e che mi sembrano un soffio? Che non mi lascio più rubare libri dalle ragazze che incontro ... ora li scrivo!

Premessa

Questo libro non vuole essere autobiografico
Questo libro non vuole essere nostalgico
Questo libro non vuole essere di citazione
Questo libro non vuole essere una cronologia
MA LO E' UN PO'
Questo libro non vuole insegnare nulla
MA LO FA UN PO'

Se una sfortunata combinazione di eventi non mi avesse spinto a riprendermi una rivincita dalla perdita di un'azienda che avevo fondato ancora studente, questo libro non sarebbe mai stato scritto.

Se le competenze di cui disponevo non mi avessero permesso di impostare e partire con una nuova azienda nel modo giusto ed in soli tre mesi, questo libro non sarebbe mai stato scritto.

Se non fossi riuscito a mettere insieme una squadra di giovani collaboratori entusiasti, portarli a giocare con me una partita difficile e vincerla, questo libro non sarebbe mai stato scritto.

Se la casa madre inglese non mi avesse insegnato un innovativo approccio marketing ed io non avessi avuto la modestia di ascoltare e la capacità di tradurre il tutto per il mercato italiano, questo libro non sarebbe mai stato scritto.

A distanza di molti anni e nella tranquilla Lugano, dove da tempo vivo, ho deciso di offrire ai lettori, soprattutto giovani e futuri manager o imprenditori, un esempio di come a volte, uscendo dagli schemi spinti dalla necessità di una rivincita, si riescano ad ottenere risultati incredibili.

Fu un'operazione insieme professionale e coraggiosa, al limite del temerario, in cui giocarono esperienza, tempestività e voglia di fare.

Il racconto di quel periodo glorioso, che occupa gran parte di questo libro è corredato da una serie di documenti originali e di immagini che testimoniano quanto descriverò, documenti ed immagini che raccolsi all'epoca e che ho conservato.

Tutto il materiale e quanto ricordo mi è tornato utile per completare quello che spero sia un libro istruttivo per quei manager che lo leggeranno e che spero non lo interpretino solo come autobiografico … i libri autobiografici non mi sono mai piaciuti.

Inoltre lo voglio dedicare anche a quei giovani collaboratori che allora hanno creduto in me ed hanno portato avanti con coraggio e dedizione un'azienda appena nata in un ambiente tutt'altro che facile e che forse allora non hanno potuto capire i veri e profondi motivi per i quali mi dimisi.

Mi piace riportare qui di seguito, in ordine alfabetico, tutti i nomi delle persone che dalla mia agenda del 1990 risulta che abbiano lavorato in Amstrad Spa.

Gianfranco Agosti, Anelli, Cristina Arcari, Enza Barletta, Rodolfo Bellani, Loredana Belverde, Carlo Bigatti, Laura Bocca, Patrizia Bracchini, Richard Brown, Elisa Caleffi, Alberto Capucci, Angelo Caronni, Bruno Cassani, Loretta, Castellano, Emilio Cazzaniga, Walter Colombo, Vincenzo Concilio, Giuseppe Corti, Cristina Cosetti, Maddalena Costanzo, Giuseppe Costanzo, Marco De Angelis, Milena Di Giuseppe, Carla Dublini, Bernard Duport, Carlo Eliseo, Laudetta Galante, Patrizia Gelmini, Maria Rita Gerosa, Pasquale Gottardo, Stefano Graffigna, Severino Grandi, Sabrina Guerrato, Roberto Kossuta, Giovanni Lamberti, Lorenzo Lepri, Adriano Longhetti, Giorgio Luise, Massimo Maddaloni, Giancarlo Manassi, Luciana Mantica, Dante Marchionni, Valerio Marcucci, Mauro Mariani, Ivan Mazza, Enzo Monsellato, Maurizio Moretti, Giuseppe Pierro, Alessandro Pilone, Giuseppina Pizzera, Luigi Pizzera, Paolo Poli, Francesco Proietto, Paula Queizoz, Francesca Rapaci, Cristina Rigamonti, Daniele Rinalducci, Monica Roveri, Lorenzo Rudella, Luigi Ruspini, Demetrio Sarandacchi, Milo Sefceck, Angelo Tait, Rosanna Thieme, Rossella Tognolo, Laura Urso, Lorena Vicentini, Paolo Vincenzi, Filippo Viola, Paola Zuffellato, Elisabetta Zini.

Sommario

Premessa 9

Tutto cominciò con una inaspettata visita 15

La difficile scelta 21

Spagna, Francia e UK 27

Salgo sull'astronave Amstrad 35

L'impossibile diventa possibile 41

La scelta dell'ufficio 43

Il magazzino 53

Il sistema informativo 59

Rete di rivendita 69

Agenzia pubblicitaria 81

Rete di assistenza 87

Il personale: la scelta più importante 97

Allarme: tutto si ferma 103

La Union Jack diventa la nostra bandiera 109

SIM e SMAU: battesimo di mercato 115

Centro test domestico 121

Primo errore di pianificazione 131

Politica di super-vendita 137

Il controllo segreto: natura non facit saltus 141

Brentwood impone un direttore commerciale 145

Una poderosa campagna stampa 149

La pubblicità televisiva 161

Marketing è guerra 169

Il centralino scoppia 177

Amstrad Magazine: la nostra rivista 183

Holer Togni e il TIR Amstrad 187

I miei figli salvano la promozione di PC 195

Stampante gratis 199

Alan Sugar e la partita a tennis 203

Microsoft e Amstrad Italia 211

La collaborazione si allarga 217

Politica grandi utenti 221

Il disastro dell'hard disk 225

Un meeting impressionante in UK 231

Ultimo anno, ultimo tentativo 235

Gli eventi precipitano e mi dimetto 245

Il crollo in Italia 257

Gennaio 1991: la nuova avventura 265

Divento un Globetrotter 273

Conclusione: é ripetibile un'operazione Amstrad? 277

Aziende e persone citate 279

Commenti dei lettore alla prima edizione 285

Tutto cominciò con una inaspettata visita

Era il 22 aprile del 1987 quando ricevetti una telefonata dalla società inglese Amstrad Plc con l'invito di incontrare il giorno dopo al ristorante dell'Hotel Principe di Savoia, i signori Malcolm Miller e Jim Rice.

Non mi venne comunicato il motivo dell'incontro, ma ero ormai da anni abituato a trattare con la mia azienda i fabbricanti di tutto il mondo e quindi ritenni subito che cercassero un distributore per il mercato italiano, come decine di altre aziende che regolarmente, volendo entrare nel nostro mercato, sondavano la possibilità che la mia Eledra li rappresentasse.

Quello non era certo il momento giusto per prendere nuove rappresentanze, infatti ero stato costretto a cedere la mia azienda al socio Olivetti, da poco entrato nella compagine azionaria.

Accettai l'invito più per cortesia che per concludere qualsiasi affare e mi apprestai, con una certa riluttanza, ad incontrare i due rappresentanti dell'Amstrad a cui avrei dovuto rivelare la verità della mia situazione.

Raggiunto il giorno dopo il lussuoso ristorante non lontano dalla stazione centrale e fatti i primi convenevoli andammo a pranzo ed incominciammo un dialogo che fin dall'inizio mi sembrò da parte loro alquanto circospetto.

Io ero invece leggermente in imbarazzo, infatti se mi avessero chiesto come titolare della mia azienda di iniziare a distribuire i loro prodotti, cosa che non avrei potuto più fare, avrei dovuto rivelare la mia totale impossibilità di utilizzare per loro quella formidabile macchina da guerra che ero riuscito a costruire in tanti anni di lavoro, nota in tutto il mondo e che si chiamava Eledra.

Invece ricordo ancora bene Jim Rice, l'operation manager di Amstrad, che mi spiegò di non essere venuti per chiedermi di distribuire i loro prodotti e mi disse che volevano acquisire l'intera mia azienda.

Non dico che mi venne un colpo, ma quasi ... c'era solo un piccolo particolare, l'azienda non era più mia, anzi si stava sgretolando per quanto successo nella contesa con Olivetti.

Inoltre, un paio di mesi prima, mentre ero alle prese col socio che mi stava distruggendo l'azienda, un altro gruppo americano, la Arrow Electronics Inc. nella persona del suo presidente Steve Kaufmann, con la loro associata tedesca Spoerle Electronic KGB ed il suo presidente Carlo Giersch avevano già chiesto di acquistare la mia azienda, confermando la loro volontà in una lettera di intenti ma, dopo un incontro con l'altro socio Olivetti, mi venne comunicato che quest'ultimo non intendeva vendere.

```
27.03.87  12:22   DRES BÖGNER U PARTNER       B01
```

DR. RUDOLF BÖGNER NOTAR
DR. CLAUS MEULENDONH NOTAR
DR. NIKOLAUS HENSEL NOTAR
DR. PETER EMMERICH

RECHTSANWÄLTE

FACHANWÄLTE FÜR STEUERRECHT

Mr. Ettore Accenti
Chairman and C.E.O.
Gruppo Eledra
Via G. Watt 37

20143 M i l a n o (Italy)

27. März 1987
H/Bn
S 2/21/1

Dear Mr. Accenti,

after a meeting held in New York on Thursday, March 26, 1987, between Mr. Steve Kaufmann, President of Arrow Electronics, Inc., and Mr. Carlo Giersch, President of Spoerle Electronic KG, I have been authorized to inform you about the interest of such two companies to acquire the Electronic Components Distribution Division of Gruppo Eledra. It is their understanding that this Division is formed by Eledra Componenti S.p.A. and Moxel S.p.A. and that you will continue to manage this Division as C.E.O. in the future, which would be an essential of any agreement.

We propose to meet in Milano during the next week and to fix the exact date and time by phone. In order to accelerate our discussions we further propose to have an auditor of Arthur Young Milano to inspect your books during the next days and to deliver to us at our meeting a financial statement of the two companies as of March 31, 1987.

We are looking forward to meeting you next week.

Sincerely yours

Dr. Nikolaus Hensel

Lettera d'intenti emessa da Arrow e Spoerle per l'acquisto della mia società, ormai passata in mano Olivetti

Ecco che, preso dalla necessità di dire le cose come stavano e col desiderio di iniziare qualcosa di nuovo azzardai: "Ma perché comprare una società e spendere tanti soldi, ne creo io una nuova in brevissimo tempo, una macchina nuova di zecca, senza che spendiate una sterlina per strani acquisti!"

Scoprii a molta distanza di tempo che Amstrad era anche in trattativa con la spagnola Indescomp, dove per comprarla spesero oltre 20 milioni di dollari.

Non posso certo riportare qui il loro pensiero che non mi espressero, ma ricordo la meraviglia ed il punto di domanda che apparvero chiaro sui loro volti.

A quel punto spiegai senza troppi dettagli che ero fuori dall'azienda e che, grazie alle mie competenze di ex imprenditore sul territorio italiano, sarei stato certamente in grado di creare una loro filiale in breve tempo.

Devo dire che il mio desiderio di concludere in quel senso era forte e che al momento non ci speravo molto.

Ci lasciammo molto cordialmente e mi dissero che ne avrebbero parlato con il presidente Alan Sugar e che mi avrebbero fatto sapere.

Pochi giorni dopo, ricevetti la telefonata di un funzionario della Boston Consulting, società che Amstrad utilizzava per i suoi auditing, ed il 5 maggio incontrai un certo Dean Philip all'Hotel Michelangelo. Andammo a cenare al ristorante Romani in corso Sempione, dove risposi a tutte le numerose e pertinenti domande su come vedevo il futuro di una eventuale organizzazione italiana.

La Boston era ovviamente stata incaricata da Alan Sugar di fare una valutazione sulla mia persona prima di ogni decisione, valutazione che deve essere andata bene, visto che fui poi invitato ad incontrare Alan Sugar a Brentwood in Inghilterra.

Mi piace spiegare a questo punto, ciò che per me erano state una grande sorpresa e un grande onore ed a cui ho già accennato.

Mr. Carlo Giersch, presidente e principale azionista della Spoerle, il più grande distributore di componenti in Germania e Mr. Steve Kaufmann, presidente della Arrow, il più grande distributore in USA, come abbiamo visto, mi avevano proposto con la loro lettera d'intenti di acquistare l'Eledra, vendita rifiutata dal socio Olivetti. A quel punto mi avevano proposto di realizzare la loro filiale italiana, non potendo più comprare la mia ex azienda.

Mi era chiaro che con questa mossa il gruppo Spoerle-Arrow avrebbe potuto ottenere buona parte dei contratti di rappresentanza con i migliori partner mondiali di cui l'Eledra era mandataria, oltre 40, e soprattutto la clientela industriale italiana che Eledra aveva servito per anni. Inoltre avrei potuto scegliere il miglior personale ed i migliori venditori in quel momento in mano ad Olvetti.

Potete immaginare la mia situazione: ero stato praticamente buttato fuori dalla mia società, quasi fossi un incapace, privato di ogni capitale, con le banche che mi inseguivano, quasi nella situazione di dovermi cercare un posto di lavoro e ben due importanti multinazionali erano pronte ad offrirmi praticamente di investire non su una società, ma addirittura solo sulla mia persona.

Quanto stava succedendo, dopo una certa non piccola delusione dell'aver perso una società che avevo fondato quando ero ancora studente, una vera start-up come si direbbe oggi, mi rassicurò e mi diede la forza di ricominciare da zero.

E non è finita, persino un mio vecchio concorrente italiano, la Silvestar, mi offrì la direzione di una loro società italiana e l'amministratore delegato, il giovane Giorgio Ghezzi, volle che incontrassi a Lugano suo padre, Achille Ghezzi fondatore della Silvestar, per discutere la questione.

Anche di questo fui molto onorato tanto che, quando la mia scelta cadde sulla Amstrad e Carlo Giersch, dispiaciuto per il mio diniego, mi telefonò e mi chiese quale distributore italiano io considerassi valido per una loro acquisizione, ora che l'Eledra non era più disponibile, non esitai a suggerirgli la stessa Silvestar, mio precedente temibile concorrente.

Mi risulta che in seguito la Spoerle la acquistò per una cifra cospicua che non conosco, cifra che sarebbe potuto essere la stessa in grado di acquistare la società non più mia.

La difficile scelta

In quel momento mi trovavo senza più l'azienda che avevo fondato quando ero un ragazzo, con la coda dei problemi creati da quell'assurda situazione da cui non ero riuscito a districarmi e tre scelte di come procedere, non solo per la mia attività professionale, ma anche per la sussistenza mia e della mia numerosa famiglia.

In realtà avevo declinato quasi subito l'offerta Silvestar; ripartire con l'appoggio di una delle due multinazionali era sicuramente molto più allettante per me.

La più logica per un senso di continuità con tutta quella che era stata la mia storia sarebbe stato accettare di fondare una filiale per la Spoerle-Arrow che trattavano prodotti e mercato identici a quelli che avevo sempre trattato ed in particolare le case rappresentate erano le stesse tra le quali Intel, Apple Computer, Hewlett Packard, ecc. che già mi conoscevano e mi stimavano.

Inoltre avrei potuto cercare di riprendermi le maestranze della mia precedente organizzazione, praticamente mantenendo per loro le stesse mansioni e condizioni, dimostrando così al mondo della distribuzione tecnologica che potevo riprendermi tutto il mercato, anche se non più come azionista principale ma come esperto di mercato.

Amstrad invece mi offriva un nuovo mondo, sempre tecnologico, con prodotti finiti da offrire ai consumatori finali, al pubblico, un qualcosa che avevo sperimentato solo superficialmente distribuendo i PC IBM ed Apple II.

La mia vita professionale si era sviluppato per il 90% con componenti elettronici professionali venduti all'industria e provenienti da fabbricanti come Intel, AMD, Texas Instruments, ecc. ecc., aziende che tra l'altro mi avevano insegnato tutto.

Creare la filiale Amstrad sarebbe stato non solo una grossa incognita ed un grosso rischio, ma anche una nuova entusiasmante avventura per me.

Decisi di non andare subito per la via più ovvia, quella Arrow-Spoerle, ma di capire meglio la realtà Amstrad, il suo mercato e soprattutto il suo grande capo ed ispiratore Alan Sugar.

Arrivò il fatidico mercoledì 13 maggio 1987 per il primo appuntamento a Brentwood con l'Amstrad e per l'incontro col presidente Alan Sugar.

Prenotai la partenza per Londra alle 9.05 ed il ritorno, sempre da Londra, per le 20.45 dello stesso giorno.

Arrivato a Londra raggiunsi in treno Brentwood, dove risiedeva la sede dell'Amstrad Plc, e verso le 11 trovai ad accogliermi Malcolm Miller che mi fece fare un rapido giro per l'azienda e quindi mi accompagnò nella sala riunioni dove mi raggiunse Alan Sugar.

All'epoca Sugar non aveva un proprio ufficio, ma era seduto al centro della sala operativa da dove controllava tutto in tempo reale e dirigeva come fosse sulla tolda di una nave corsara durante una battaglia navale.

La difficile scelta

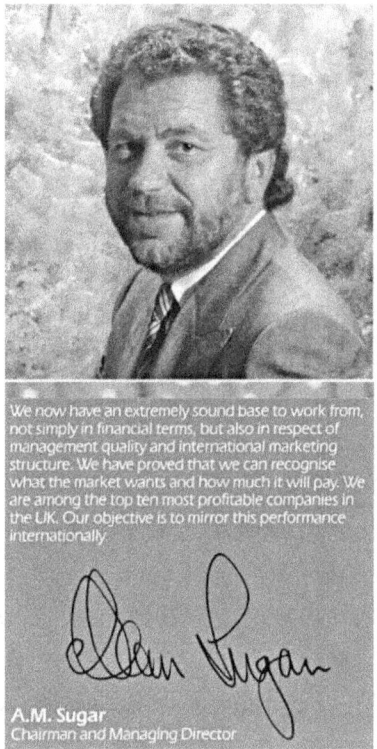

Alan Sugar nell'ultimo rapporto annuale della Amstrad Plc

Ricordo ancora il primo colloquio con Alan di cui non conoscevo assolutamente nulla, né il suo particolare modo di fare né il suo non convenzionale metodo di dirigere e di conquistare i mercati.

Devo sinceramente anticipare qui che arrivai alla decisione di scegliere Amstrad durante quell'incontro, assolutamente diverso dai moltissimi altri incontri professionali che avevo avuto precedentemente con manager o imprenditori di molte aziende nel mondo.

Come era nel suo stile la prima domanda fu diretta e pungente. Non ricordo le esatte parole, ricordo solo che mi colpì come un mezzo pugno nello stomaco, ma devo riconoscere che era vera ed azzeccata: "Come può un imprenditore come te accettare di diventare un semplice dipendente?".

Ricordo di avergli sussurrato qualcosa col mio non perfetto inglese: "Sono le vie strane della vita, comunque sono qui per parlare di business", quasi in posizione di difesa di fronte a quell' uppercut da pugilatore.

Ma aveva ragione, aveva centrato in un nanosecondo il vero problema: da una vita a comandare passavo ad una vita in cui avrei dovuto anche ubbidire e questo mi doveva essere chiaro se avessi accettato l'incarico.

Il colpo fu duro, ma mi fece capire come l'uomo fosse intuitivo, la caratteristica fondamentale per un imprenditore che non si limita ad essere un buon manager.

L'imprenditore deve intuire il futuro ed imbrigliarlo prima che arrivi: Steve Jobs insegna!

Passiamo velocemente ai fatti concreti. Avevo studiato il mercato italiano ed alla sua domanda diretta di quanto pensavo di vendere, risposi senza esitazione: "Certamente 50 miliardi di lire sono senz'altro raggiungibili sul mercato italiano in un paio di anni".

Mi aspettavo un rilancio del tipo classico e cioè: "Ma no, noi dobbiamo fare molto di più".

Invece con estrema sincerità mi rivelò che da 2 o 3 anni aveva in Italia il distributore GBC che in totale aveva venduto meno di 5 miliardi, come pensavo quindi di raggiungere la cifra che gli avevo buttato lì?

A quel punto tirai un sospiro di sollievo, il mio numero non era criticato pensai perché piccolo, ma forse perché lo riteneva impossibile per il mercato italiano che, mi sembrava, non conoscesse proprio. In realtà GBC, che io conoscevo perfettamente, era il distributore sbagliato per loro, tra l'altro in grosse difficoltà e non in grado di effettuare le costose campagne pubblicitarie che i prodotti ed il mercato dell'utenza Amstrad richiedevano.

Tirai quindi fuori tutto il mio coraggio e, conoscendo la passione inglese per le scommesse, lo sfidai chiedendogli: "Vuoi vedere che i 50 miliardi te li faccio e li supero?".

Lo vidi un po' titubante, ma credo proprio che il mio modo di sfidarlo così apertamente gli sia piaciuto.

Aggiunsi poi, malauguratamente, un'inopportuna richiesta che non avrei mai dovuto fare se lo avessi conosciuto meglio, gli dissi: "Magari facciamo una bella ricerca di mercato così accertiamo meglio il da farsi!".

La risposta fu repentina ed infastidita: "Ma quale ricerca di mercato? Non perdiamo tempo e soldi con inutili scartoffie, decido io cosa e quanto vendere!".

La risposta mi zittì, ma mi piacque moltissimo … anch'io non credevo molto alle ricerche di mercato e ancora una volta Sugar era più deciso e diretto di me.

Mi chiese cosa volevo, intendendo ovviamente la remunerazione. Io gli risposi che al momento da lui volevo solo un lasciapassare e la sua presentazione per visitare liberamente le sedi Amstrad in Inghilterra, Spagna e Francia, nazioni in cui Amstrad stava avendo un incredibile successo.

Poi avremmo parlato degli altri argomenti, compreso il mio compenso. In realtà non avevo ancora deciso se fare quel salto dal mio mondo ad un mondo parzialmente sconosciuto.

Mi sembrò felice di accogliere la mia richiesta ed io mi congedai. La sera tornai a casa dove, nonostante la pressione psicologica, ricordo di aver dormito saporitamente.

Eva, la mia adorata metà, ancora oggi non si capacita di come io possa solitamente e profondamente dormire per nove ore, a prescindere da eventuali grosse pressioni psicologiche.

Spagna, Francia e UK

Una volta ricevuto l'ok da parte di Brentwood per il mio giro europeo ed organizzati i vari appuntamenti, il mercoledì 20 maggio, decollai da Linate per Madrid dove Julio Alonso, direttore della Indescomp, distributore di Amstrad, mi accompagnò per un completo giro nella loro organizzazione.

Indescomp, distributore esclusivo Amstrad in Spagna (frame da filmato)

Ben presto registrai mentalmente l'intero schema dell'azienda, dalla logistica all'amministrazione, dal marketing alla vendita.
    Durante queste mie visite raccolsi una serie completa di fotografie ed intervistai le varie persone registrandole con una videocamera, registrazioni che conservo ancora oggi.

Rivedere poi con calma a Milano tutta quella documentazione, mi fu estremamente utile nella realizzazione dell'Amstrad italiana.

Constatai una profonda differenza rispetto al mio passato di distributore industriale e cioè come tutta l'azienda e tutto il personale fossero fortemente coinvolti nel servire i rivenditori.

Incanalare i prodotti agli utenti finali era il loro impegno principale: questo avveniva sollecitando con una pubblicità aggressiva il pubblico ed indirizzandolo verso i rivenditori.

Rilevai un po' di trascuratezza nell'ordine interno, nell' amministrazione e nella gestione del magazzino.

Peccati veniali per un'organizzazione giovane e che, mi dicevano, forniva centinaia di migliaia di pezzi al mercato con fatturati che per me erano da capogiro. Il mio occhio era educato da anni a tener conto di ogni più piccolo dettaglio e questo rilevai.

In poche ore non potevo trarre conclusioni complete su una società, tutto sommato piccola, ma che a quel tempo fatturava e consegnava al mercato oltre 200 miliardi di lire di prodotti,

Forse avrei dovuto io cambiare un po' ed essere meno pignolo ed attento a troppi dettagli e più aggressivo nello spingere grandi volumi di prodotti verso il mercato.

Capii poi come per loro fosse fondamentale, più che tante chiacchiere ed organizzazioni costose, mantenere una pubblicità continua ed aggressiva: questa era la chiave per sostenere la domanda dell'utente finale che acquistava i loro prodotti tramite la rivendita.

Un fatto insolito in una multinazionale fu per me il constatare che la creatività e la produzione della pubblicità, sia TV sia cartacea, fosse totalmente spagnola e che Brentwood lasciasse questa libertà di scelta al management locale. Questo mi piacque moltissimo.

Al contrario, nelle mie esperienze con gli americani dovevo sempre lottare ed alla fine cedere quando mi veniva detto: "Il nostro modello di business è questo e così devi applicarlo in Italia!" ... mi rendevo conto sempre più di essere atterrato su un altro pianeta.

Prima di partire da Madrid incontrai José Luis Dominguez, il titolare, fondatore ed ispiratore della Indescomp e dalla breve conversazione potei evincere che lui era in diretto e continuo contatto con Alan Sugar e che grazie a questo riusciva a risolvere rapidamente molti problemi essendo Alan sopra ogni cosa.

José Dominguez e Alan Sugar in Italia mentre degustano un piatto di tagliatelle

Posso dire che da quella visita imparai tre cose fondamentali: velocità, comunicazioni interne dirette e senza burocrazia, creatività e pubblicità televisiva e cartacea interamente spagnola: Brentwood sapeva e vedeva tutto, ma lasciava massima libertà in cambio di vendita. Semplice ma chiaro!

Alle 20.25 della stessa giornata partii da Madrid alla volta di Parigi Orly per la visita organizzata alla Amstrad S.A, che in Francia stava veramente facendo furore.

Feci una profonda dormita. La mattina dopo la bella ed elegante Marion Vannier, direttore generale della filiale, mi prelevò al mattino presto per portarmi alla sua sede in 72 Grande Rue, Sevres, vicino a Parigi.

Marion Vannier, presidente della Amstrad SA, responsabile per la Francia

La Amstrad SA francese era un vera filiale posseduta dalla Amstrad Plc , ma nonostante questo operava con la stessa libertà d'azione con cui Indescomp agiva in Spagna.

Lungo la strada mi illustrò i grandi successi con un inglese simpaticamente alterato da un forte accento francese e anche qui potei constatare il livello veramente incredibile delle vendite in Francia.

Mi si confermarono subito una buona parte delle cose che avevo appreso in Spagna, come anche lei avesse il filo diretto con Alan Sugar e soprattutto come prendesse con lui rapide decisioni sul da farsi per quanto riguardava prodotti, pubblicità, vendite e prezzi.

Marion si comportava esattamente come Josè, cioè come se anche lei fosse proprietaria della società che dirigeva.

Visitando gli uffici e l'organizzazione, compreso il magazzino, notai la somiglianza con la Spagna, riportando anche l'impressione che la brava Marion fosse ancora più dura e decisa di Josè ... eh, le donne!

Non poteva mancare una mia approfondita occhiata sul modo di agire francese in campo pubblicitario: la campagna pubblicitaria era anche qui molto aggressiva, forse ancora più di quella spagnola, al limite del censurabile.

Caratteristica pubblicità francese

Marion mi fece vedere una pagina pubblicata sui giornali francesi che mi fece morire dal ridere: appariva un uomo nudo coperto opportunamente solo da un PC Amstrad e dissi alla simpatica Marion,: "Qui si vede il tuo messaggio un po' femminista!" e lei mi rispose: "Cosa vuoi, che mettessi una donna nuda come tutti voi maschietti volete?!".

Più mi addentravo nelle attività dell'Amstrad e più mi stavo innamorando di tutto quello che vedevo e poi i numeri, sì i numeri ... non avevo mai visto organizzazioni tutto sommato così piccole non solo parlare di centinaia di miliardi ma anche di realizzarli: meraviglioso!

E pensare che ero abituato al classico modo professionale di operare con piani marketing, analisi di mercato, interminabili discussioni di strategie di mercato, mentre qui sentivo frasi del tipo: "Il mese prossimo dobbiamo vendere 10.000 PC, impostiamo la campagna pubblicitaria, informiamo la rete di rivenditori e via!", e non erano chiacchiere anzi finivano sempre, almeno così mi si disse, col non avere sufficienti prodotti da vendere. Che meraviglia!

Per me era come se fossi atterrato su Marte, dovevo solo imparare ed in effetti in quel momento ero una spugna, annotavo nella mia mente ogni dettaglio e non vedevo l'ora di cominciare.

Visitando poi l'organizzazione francese, devo per la verità dire che anche lì mi sembrò un po' raffazzonata, se la paragonavo a quello che avevo sempre visto in aziende come Intel, IBM ed anche nella mia stessa organizzazione.

Pensavo però che avrei potuto girare la mia critica in un complimento: semplicità, velocità ed avanti a tutta forza! Stavo salendo su una nave corsara!

Cominciavo a rendermi conto che non erano loro che sbagliavano, ma il mondo da cui provenivo, tutto teso a fare i "perfettini" mentre quel mercato richiedeva velocità, chiarezza, strutture agili e pochi fronzoli.

Una differenza però la notai chiaramente tra lo spagnolo José e la francese Marion: Marion era molto più dura con il suo staff e non esitò a dirmi che chi non si comportava come lei voleva, finiva immediatamente licenziato ... e poi dicono che le donne manager sono più comprensive!

In ogni caso era evidente la strettissima collaborazione personale tra Alan ed i due responsabili di Spagna e Francia e già cominciavo a sognare di diventare il terzo di quello che oggi si definisce il "cerchio magico".

Alle 20.55 partii da Parigi Charles De Gaulle per Manchester dove la mattina dopo visitai il centro di distribuzione inglese.

Ero infatti ansioso di capire la logistica per la movimentazione di quell'enorme quantità di prodotti e soprattutto i parametri numerici in gioco.

Mi sarei presto scontrato in Italia con una realtà nuova di cui non avevo avuto esperienza precedente. Con la mia società ero arrivato a gestire a magazzino e col sistema informativo, realizzato ad hoc, qualcosa come 20.000 voci, per allora un primato in Italia ed anche in Europa.

Per la maggior parte si trattava di componenti elettronici, microchip, transistori, ecc. le cui dimensioni erano modestissime.

Qui alla Amstrad la situazione era totalmente capovolta e quando Barry Young, il managing director del centro, mi disse con un certo orgoglio: "Noi qui gestiamo anche 200 o 300 voci" quasi gli risi in faccia.

Manchester: centro distribuzione con Barry Yang (frame da filmato)

Gli risposi che per me era un gioco da ragazzi implementare una logistica per così poche voci.

Solo che, come spiegherò nel capitolo della logistica italiana, quando a dicembre arrivò nei magazzini Cariplo che avevo inizialmente affittato vicino al piazzale Corvetto, la prima grossa spedizione che avevo ordinato per il Natale, il povero amministratore delegato dei magazzini mi telefonò urlando: "Accenti ma lei è matto, c'è tutta piazzale Corvetto bloccata da una fila di vostri TIR in coda che vogliono scaricare qui un mare di scatoloni, corra subito qui".

Non avevo calcolato che il mio ordine di Hi-Fi con relativo mobiletto destinato alle vendite di Natale occupava più di 10 TIR con container da 40 piedi, anche se la quantità era solo di 10.000 unità, per me un numero piccolo.

Risolsi il problema come vedremo, ma in quel momento non posso negare che mi tremarono i polsi!
Avrei così dovuto imparare a risolvere non tanto un problema di sistema informativo e di controllo dei pezzi da muovere, ma la problematica estremamente più complessa degli spazi e della movimentazione di grandi volumi provenienti da Paesi diversi, soprattutto dall'Estremo Oriente, da dove molti prodotti Amstrad arrivavano.

Barry fu poi molto bravo nello spiegarmi tutta la problematica dei ritorni dei prodotti, la gestione dei guasti, la documentazione verso l'utente finale e tutta quella parte di attività che oggi va sotto la voce di "back office".

Tornai a Milano la mattina seguente, sabato, stanco ma eccitatissimo all'idea di iniziare questa nuova avventura che, un po' presuntuosamente, mi sentivo di poter affrontare.

Nella mia testa mi ripetevo continuamente una parola che da tutto quello che avevo visto mi risuonava fondamentale: "Velocità, velocità, velocità".

Salgo sull'astronave Amstrad

Ero deciso a dire di si all'operazione, ma non ero ancora certo che avremmo concluso. Dovevamo discutere la mia posizione, il primo budget, quando partire. Comunicai comunque a Brentwood la mia decisione di accettare l'incarico e che, se avessero accettato, avrei iniziato quanto prima.

Fu subito deciso di incontrarci a Brentwood il seguente mercoledì 27 maggio per cui mi prenotarono l'Hotel Brentwood Post House a partire da martedì sera, dove giunsi questa volta con la moglie che, fino ad allora, aveva seguito tutte le mie scorribande e che al momento della conclusione voleva giustamente essere presente.

Arrivammo all'Hotel molto tardi la sera e non ricordo dove cenammo, comunque sicuramente andammo presto a riposare perché io fossi pronto la mattina seguente ad un incontro che prevedevo sarebbe stato decisivo non solo per me, ma per tutta la mia famiglia.

Alla mattina mi alzai presto e dopo una lauta colazione all'inglese, lasciai mia moglie in hotel libera di fare qualche giro in Brentwood e mi incamminai da solo verso il palazzo Amstrad, non lontano da quell'hotel.

Eva rimase ad attendermi in Hotel dopo aver fatto qualche breve visita a quella simpatica cittadina, mentre io cercavo di concludere al meglio.

Immagino che fosse molto in ansia anche perché non avrei potuto comunicarle nulla durante i miei incontri, allora non esistevano ancora i cellulari!

In Amstrad ad attendermi c'era Malcolm Miller che mi dedicò del tempo per chiarirmi alcuni aspetti del loro marketing, soprattutto come realizzavano le loro campagne pubblicitarie oltre a quelle che stavano mettendo a punto in quel momento.

Brentwood, quartier generale Amstrad Plc (frame da filmato)

Rice, l'operation manager, mi spiegò la loro logistica, le tempistiche per gli ordinativi alle fabbriche ed appresi così che avrei ricevuto i prodotti sia dall'Inghilterra e sia da Hong Kong e che avrei dovuto provvedere ad un opportuno magazzino, avendo particolare cura dei costi non trascurabili sia dei trasporti sia dell'immagazzinamento.

Incontrai altre persone, tutte molto collaborative e di cui non ricordo tutti i nomi. In particolare ricordo Simon Angel, responsabile del service e Ken Ashcroft, l'ottimo direttore finanziario che avrebbe fatto parte del mio consiglio d'amministrazione, assieme a Malcolm Miller e Jim Rice.

Fu in quell'occasione che definimmo la mia posizione come amministratore delegato e direttore generale della costituenda filiale italiana e mi informarono che per tutte le pratiche burocratiche avevano scelto lo Studio Carnelutti di Milano, a cui avrei dovuto rivolgermi.

Ero felicissimo per la scelta di quello studio di chiara fama, soprattutto di sapere che lo studio Carnelutti avrebbe gestito con grande competenza tutte le pratiche commercialistiche ed inoltre che avrebbero fornito i tre sindaci per la costituenda Spa.

Passammo quindi a discutere la partenza delle attività di promozione e vendita ed io suggerii che dovessimo considerare come obiettivo il primo settembre di quell'anno, spiegando che quella data, anche se molto vicina, era necessaria se volevamo partecipare alle due mostre che per il mercato italiano erano importantissime: il SIM, mostra per l'elettronica di consumo che iniziava il 3 settembre e lo SMAU, mostra dell'informatica che iniziava il 16 settembre.

Sull'argomento della data di partenza da me scelta non ci fu alcuna domanda, ma seppi poi che il loro silenzio e quindi il lasciarmi fare era dovuto alla loro incredulità che potessi realizzare il tutto così velocemente.

Sono infatti certo che ritenessero impossibile che in così poco tempo potessi realizzare una società operativa con dipendenti, uffici, magazzino, sistema informativo e quant'altro sappiamo bene una società commerciale richiede. Soprattutto erano ben note le lentezze burocratiche del sistema Italia.

Inoltre occorreva gestire l'arrivo di prodotti per la fase iniziale, materiale pubblicitario, la preparazione degli stand per le due fiere, arredare nuovi uffici, avere un sistema informativo funzionante ed un magazzino in cui ricevere le merci e da cui spedirle ai clienti ... in tre mesi con agosto di mezzo: impossibile!

La staff direzionale nel rapporto annuale del 1987. In prima fila da sinistra Jim Rice, Ken Aschcroft, Alan Sugar, Bob Watkins e Malcolm Miller

Per la verità anch'io consideravo la cosa al limite del temerario, ma dopo le mie visite in Spagna e Francia avevo capito che non avevo scelta: o fossi riuscito con tempistiche inusuali ad avere un sostanzioso fatturato subito e quindi entro l'anno in corso, fornendo una prova di fatto delle mie capacità di organizzare e vendere Amstrad, o non avrei avuto dall'Inghilterra quell'appoggio e le risorse per il grande salto nell'anno seguente e raggiungere l'ambizioso fatturato di 50 miliardi di lire, scommesso tra Alan e me!

Si discusse anche sul nome da dare alla società italiana: Amstrad Italia Spa, Amstrad Italy Spa: suggerii di usare la stessa forma francese che sarebbe così diventava Amstrad Spa: quest'ultimo fu il nome scelto.

In quelle poche ore a Brentwood avevamo praticamente deciso tutto ed ora la palla passava interamente nelle mie mani.

Non era la prima volta che nella mia vita realizzavo società e le loro strutture e quindi ne conoscevo bene tutti gli aspetti, ma quella era la prima volta in cui avrei realizzato una struttura commerciale in grande stile, in così breve tempo e per conto di altri che mi avrebbero ovviamente controllato a vista.

Il dado era tratto ed avevo due mesi davanti a me per realizzare il tutto, ben sapendo che il mese di agosto in Italia non poteva essere considerato come tempo lavorativo. Nei prossimi giugno e luglio quindi tutto doveva essere fatto.

Nel viaggio aereo di ritorno raccontai a Eva cosa ci aspettava e le dissi subito che avrei dovuto utilizzare ogni risorsa disponibile per raggiungere i miei obiettivi, compresa la sua piccola Evart Arredi Srl ed i suoi tre collaboratori.

Già in aereo le chiesi di trovarmi l'ufficio a Milano e di organizzare le mostre di settembre, come la sua società aveva già fatto altre volte per le mie ex società, ora non più mie.

Le informai anche che Evart avrebbe dovuto servire in quel frangente come società di appoggio per Amstrad Plc, per importare i primi campioni e tutto il materiale necessario per le mostre, accordo di cui informai Jim Rice, il quale provvide ad organizzare tutto quanto mi serviva via Evart.

La cosa poi doveva rimanere assolutamente segreta perché, come vedremo in un apposito capitolo, esisteva un contratto di esclusiva tra GBC ed Amstrad Plc, contratto che doveva essere annullato prima di partire sul mercato e la cui chiusura si concluse, al pelo, in agosto.

L'impossibile diventa possibile

Tornato a Milano firmai i miei contratti preparati dallo studio Carnelutti, compreso un poderoso patto di non concorrenza. Lo studio Carnelutti preparò anche tutti i complicati documenti da depositare in Tribunale per la costituzione della Spa.

In quella fase mi venne proposta una piccola quota della Spa che però rifiutai ben sapendo che le azioni di valore erano quelle della Plc inglese, quotata in borsa, e non certo quelle di una filiale.

Avevo veramente voglia di operare per la prima volta in vita mia come semplice manager senza il peso di sentirmi in qualche modo padrone ... era una nuova esperienza, non dovevo solo comandare, ma anche ubbidire!

Una strana sensazione che ancora oggi non riesco facilmente a descrivere, ma che era il derivato di quanto mi era successo.

Per quanto riguarda le azioni devo qui aggiungere che in seguito Amstrad Plc istituì un sistema di opzioni per i manager sulle proprie azioni quotate a Londra e di cui anch'io potei beneficiare.

In attesa che il tribunale omologasse la Spa per poter agire, omologazione che giunse il 15 luglio, feci rapidamente l'elenco delle cose da farsi in quei due mesi e di cui riporto qui a memoria un elenco parziale:

Affittare un'area per gli uffici in Milano ed arredarli simulando quanto avevo visto in Spagna e Francia.

Affittare un'area magazzino esterna in grado di gestire quantità di prodotti voluminosi.

Disporre di un sistema informativo per automatizzare l'attività amministrativa e di vendita.

Disporre di una rete di rivenditori attraverso i quali incanalare i prodotti ai consumatori.

Disporre di una rete di assistenza tecnica in grado di servire l'utenza finale.

Disporre di una agenzia di pubblicità molto snella che preparasse gli annunci e gestisse i media.

Disporre degli spazi al SIM ed allo SMAU prenotandoli velocemente e predisponendo la realizzazione degli stand.

Ed infine la cosa più importante: assumere uno staff per tutte le funzioni che prevedevo di utilizzare: amministrazione, vendita, reparto tecnico, movimentazione prodotti, segreteria commerciale.

Ma come sarebbe stato possibile realizzare questo miracolo? Questo era il mio cruccio di allora. Ebbene ci riuscii a dispetto di ulteriori imprevisti problemi che non mi impedirono di far decollare le vendite dai primi mesi di settembre!

Se sto scrivendo questo libro vuol dire che ci sono riuscito ed anzi, come vedremo, per far decollare le vendite dal primo settembre dovetti risolvere dei problemi assolutamente imprevisti e che non erano nella lista sopra menzionata.

Il mio chiodo fisso era uno solo: a tutti i costi dovevo stampare la prima fattura di vendita il primo di settembre, avendo evaso il primo ordine.

Lo scopo di questo libro non è quello autobiografico o peggio la dimostrazione di quanto sono stato bravo, ma dare con l'esempio un messaggio soprattutto ai giovani manager di come l'impossibile possa diventare possibile.

Nel seguito dettaglierò perciò, con dovizia di particolari, quanto tecnicamente feci in quei due mesi, dopo essermi posto l'obiettivo ed il perché..

La scelta dell'ufficio

A questo riguardo i dirigenti Amstrad mi segnalarono subito la loro preferenza e cioè che l'ufficio si trovasse nelle vicinanze di Linate, per permettere loro rapidi spostamenti in aereo da Londra a Milano.

Da parte mia non avevo alcuna preclusione per cui cercai subito un ragionevole accomodamento in quell'area, girando con Eva, esperta di immobili.

Trovammo alcune opzioni accettabili e poi, dovendo dedicarmi a tutte le altre faccende, passai la palla a lei ed al suo ottimo collaboratore Enzo Maestroni, che poi mi aiuterà efficacemente durante tutta la mia avventura Amstrad.

Nella scelta dei locali vedevo un problema non da poco e che mi aveva perseguitato in passato. Ogni volta che avevo scelto degli uffici basandomi sulle immediate necessità poi, crescendo, ero stato costretto a cambiare sede con tutte le problematiche conseguenti.

D'altra parte e giustamente, Brentwood controllava rigidamente i costi e se avessi affittato il triplo dell'area necessaria immediatamente, per esempio vicino a Linate, avrei avuto qualche problema nel farmi approvare il costo dell'affitto.

Avendo verificato nelle mie visite quanto fosse importante avere strutture poco costose ed ampie, cambiai obiettivo e chiesi a mia moglie di lasciar perdere il luogo suggerito dagli inglesi e di trovarmi in Milano un'area grande e poco costosa, non importava dove.

In qualche giorno le ricerche diedero il loro frutto e così trovarono una palazzina di 4 piani, costruita negli anni cinquanta, certamente non elegante e sicuramente da ristrutturare.

Aveva però il pregio di essere localizzata in un'area poco trafficata, ma raggiungibile dai mezzi pubblici e quindi comoda per i dipendenti.
Il suo indirizzo era via Riccione 14 ed era sfitta da tanto tempo.

Palazzina per la futura Amstrad Spa. Eva mentre tratta col Geom. Rasca

Quando la vidi mi dissi subito "questa è per me, la prendo!". Oltre ai quattro piani disponeva di un ampia area di fronte, ideale per un reparto tecnico ed un piccolo cortile privato adibibile a parcheggio.

La trattativa col cortese proprietario fu rapida e semplice; non vedeva l'ora di affittarla a clienti che non creassero problemi di pagamento; noi una Spa in attesa di omologazione e grazie alla casa madre eravamo in grado di fornire tutte le garanzie bancarie che voleva ... era più lui che voleva chiudere il contratto in fretta che noi.

Dovevo però avere l'assenso da Brentwood che pretendeva l'area di Linate, per cui decisi di utilizzare un metodo "politico".

Mi feci fare un'offerta per 400 mq in un palazzo moderno vicino a Linate in una bella posizione e la mandai, assieme all'offerta della palazzina da 2.000 mq ed il cui costo mensile, se ben ricordo, era del 30% inferiore all'altra offerta e dissi: decidete voi!

Inutile dire quale fu la decisione ed in meno che non si dica diventammo operativi in quella palazzina.

CONTRATTO DI LOCAZIONE PER USO COMMERCIALE

1) Con la presente scrittura privata;a (1) IMM.RE COSERCO S.R.L. legalmente rappresentata dal Sig.Geom.GIACOMORASCA, iscritta al reg.del Tribunale n°123185 anno 1966 codice fiscale n. 80071990156, locatore, con residenza/sede sociale in MILANO Via A.Astesani n. 8 concede in locazione a 11a(1) AMSTRAD S.p.A. rappresentata dall'Amministratore Unico Mr.JAMES LEONARD RICE Milano-C.so Matteotti,8 , codice fiscale n. conduttore, che accetta per sé, suoi eredi e aventi causa, l'unità immobiliare costituita da superfici uso ufficio site in Milano ai mapp.163/254-sub.17/29 Via Sercognani,23 Ang.V.Riccione;14 30/31/32/33 e cantine ai sub.17/29/31 p. per anni 6 e cioè dal 1/7/87 al 30/6/1993

2) Il canone di locazione viene fissato in L. 95.000.000.- annue, per sola pigione, oltre al rimborso delle spese per prestazioni accessorie e riscaldamento, che si presumono, ai soli fini fiscali, in L. 16.000.000.- salvo conguaglio da calcolarsi fine anno ; complessivamente L.111.000.000.- da pagarsi presso il domicilio del locatore in due eguali rate semestrali anticipate di L. 55.500.000.- , scadenti il 30/6 - 30/12 di ogni anno costituita da superfici uso ufficio site in Milano ai mapp.163/254-sub.17/29 Via Sercognani,23 Ang.V.Riccione;14 30/31/32/33 e cantine ai sub.17/29/31 p. per anni 6 e cioè dal 1/7/87 al 30/6/1993

AMSTRAD S.p.A. (firma del conduttore)   IMMOBILIARE COSERCO S.r.L. (firma del locatore)

Jim Rice, operation manager della Plc, firmò il contratto

L'arredamento era spartano, ma funzionale, studiato dalla Evart Arredi al minimo costo possibile e praticamente dal seguente luglio fino al dicembre 1990, anno in cui terminai la mia collaborazione, quella rimase la sede italiana dell'Amstrad. Nonostante fossimo passati dai 15 dipendenti iniziali agli oltre 60 del mio ultimo anno e da un fatturato di 20 miliardi dei quattro mesi del 1987 ai quasi 120 miliardi dell'anno 1990, la palazzina di via Riccione in Milano, assolse egregiamente il suo compito.

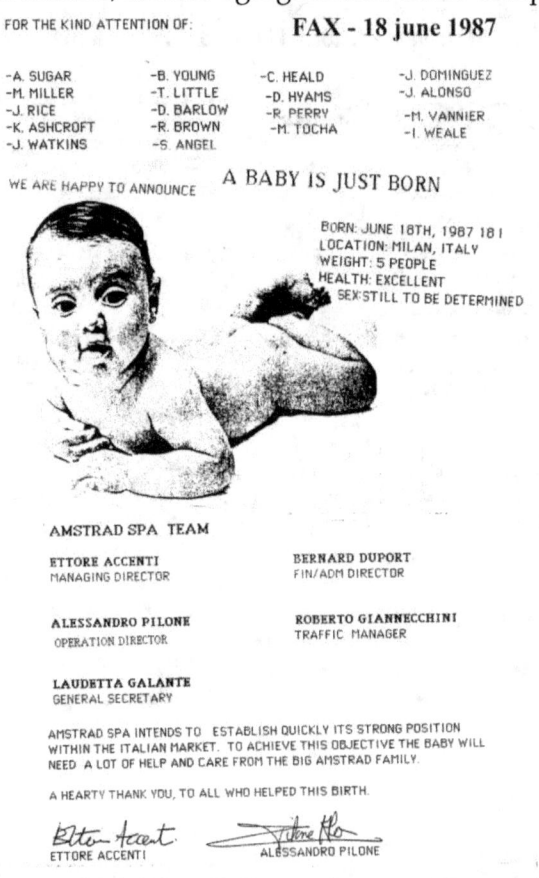

Questo Fax annunciò all'estero la nascita ufficiale dell'Amstrad Spa

Unico piccolo problema familiare fu che pretesi che mia moglie non fatturasse i servizi della sua Evart Arredi all'Amstrad. Ero certo che avrebbero visto di malocchio questa sua attività essendo mia moglie e questo avrebbe potuto nuocere alla mia immagine in un momento così critico.

La scelta dell'ufficio

L'ufficio per la Amstrad Spa, a dire il vero con spazi veramente abbondanti per la prima fase prevista, si dimostreranno appena sufficienti dopo tre anni, sul finire del mio mandato e quindi fu veramente provvidenziale disporne fin da subito senza altri complicati traslochi.

Dovevamo ora attendere che il tribunale di Milano omologasse la Spa per poter annunciarci ufficialmente in Italia, omologazione che giunse il 15 di luglio e di cui informammo per primi tutti i personaggi che avevo visitato durante il mio giro iniziale in Europa.

Tutta la palazzina che inizialmente sembrava largamente superiore alle nostre necessità già meno di due anni dopo ed esattamente nel 1989 risultava appena sufficiente con i vari reparti distribuiti nei tre piani ed il centro tecnico nel seminterrato.

Vediamone qui la disposizione raggiunta nel 1989 e le persone che vi lavoravano.

Nel mio ufficio. Da sinistra, Lorenzo Rudella (marketing), Giuseppe Corti (vendite), Alessandro Pilone (operazioni), Giorgio Luise (Amministrazione)

Al secondo piano erano collocate la segreteria, le postazioni dei manager e le comunicazioni.

La reception con il centralino

Amministrazione

La scelta dell'ufficio

Servizio clienti

Piano commerciale

Incredibile avventura marketing

Gruppo Commerciale

Gruppo servizi vari

La scelta dell'ufficio

Severino Grandi. Responsabile software

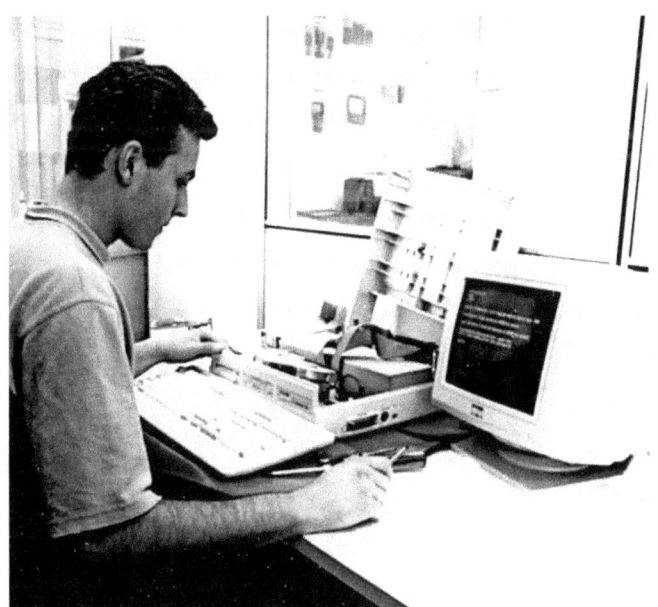

Servizi tecnici

Servizi tecnici

Nel seguito riporterò, dividendoli in capitoli, i principali aspetti aziendali che io realizzai in Italia dei quali descriverò alcuni aspetti che, forse ancora oggi, anche i miei più stretti collaboratori di allora non conoscono.

Il magazzino

All'inizio ritenni che per i primi due o tre mesi avrei potuto utilizzare il semi-interrato ma ben presto mi resi conto che anche solo qualche centinaio di Hi-Fi con mobiletto mi avrebbero completamente occupato lo spazio.

Dovevo trovare qualcosa di esterno e di definitivo e nello stesso tempo poco costoso. Avevo già affrontato il problema nel mondo dell'Hi-Tech, conoscevo i costi delle organizzazioni che operavano nel mercato dei computer e quindi mi resi subito conto che non avrei potuto utilizzarli.

Pensai quindi di rivolgermi a mondi diversi e ragionai sul fatto che il settore alimentare dovesse avere una strutturazione di costi e di logistica ben più conveniente di quella del mio mondo per poter immagazzinare grandi volumi di prodotti di basso valore.

Come si potevano immagazzinare montagne di formaggi, laghi di latte, acque minerali ed altri prodotti in modo economico e farli pervenire rapidamente ai rivenditori ed ai consumatori?

Il costo dell'immagazzinamento e della distribuzione non poteva certo essere quello in uso nel mondo dei "camici bianchi" da cui io provenivo.

Lasciai perdere il mio ex settore e la mia esperienza e mi misi in testa di indagare il mondo alimentare, le sue tecniche e le organizzazioni che lo gestivano.

Tralasciando i vari contatti, pervenni molto presto ad un'entità di cui non conoscevo nemmeno l'esistenza: i Magazzini Cariplo.

Presi subito un appuntamento con il Sig. Giuseppe Lora, direttore generale, che nel primo incontro mi descrisse quella incredibile realtà che nel Nord Italia gestiva la maggior parte dei prodotti alimentari per conto delle varie grandi società.

Gli chiesi se cortesemente mi avrebbe fatto visitare la loro organizzazione e subito acconsentì con molto piacere.

Furono due giorni incredibili e devo dire che, chiuso nel mio mondo tecnologico, avevo completamente ignorato cosa ci fosse dietro la mia colazione col latte fresco al mattino, e come il mio amato parmigiano invecchiato 24 mesi, il buonissimo gorgonzola fresco, la montagna di noccioline della Nutella e molto altro venissero immagazzinati in enormi capannoni di proprietà della Magazzini Cariplo Spa.

Capii subito che se fossi riuscito ad utilizzare quelle tecniche di magazzinaggio e poi anche i metodi di spedizione di quel mondo, avrei vinto una delle battaglie più difficili: la logistica.

Anche per il simpatico e collaborativo Sig. Lora la sfida era totalmente nuova: passare dai formaggi ai computer era una grossa novità anche per lui.

Valutando quindi insieme la soluzione nel breve termine decidemmo che avremmo potuto già partire da settembre con l'utilizzo della loro area vicino a piazzale Corvetto in Milano.

Anche per me, che il magazzino fosse a Milano e quindi a portata di mezzi pubblici dalla sede in via Riccione, sembrava la migliore scelta e così firmammo il contratto in cui definimmo l'area messaci a disposizione.

Facendo quelle ricerche ero venuto in contatto con un certo Roberto Giannecchini che lavorava presso uno spedizioniere e che mi aveva fatto un'ottima impressione, sia come persona e sia come competenza ... non potevo perdere l'occasione di tirarlo dalla mia parte e gli offrii subito un posto come responsabile del traffico Amstrad che accettò di buon grado.

Gli affidai quindi subito l'incarico di tenere i rapporti con i Magazzini Cariplo e con i vari spedizionieri utilizzati da Brentwood.

Rimase con me, coprendo brillantemente quel difficile compito, per tutto il periodo che rimasi in Amstrad.

A metà luglio, esattamente il 15 di quel mese, ricevemmo l'omologazione della Spa dal tribunale, le cose sembravano allinearsi secondo i piani, ma proprio la questione magazzino esploderà quello stesso anno e ne anticipo qui cosa successe.

Sul magazzino vedremo poi nel capitolo dedicato al disastro dell'hard disk altri aspetti che lo riguardano.

Con la prima massiccia spedizione di Hi-Fi, giunta a Milano dall'Inghilterra i primi di dicembre del 1987, necessaria per soddisfare la grande domanda per Natale lo spazio che avevo riservato non era sufficiente.

Per non parlare dei problemi di traffico con i numerosi TIR in coda in attesa di scaricare nei Magazzini Cariplo di piazza Corvetto: avevamo bloccato la città!

Fu a quel punto che Lora mi suggerì di utilizzare i loro grandi magazzini di Pavia, un'immensa area dove oltre ai TIR arrivavano a scaricare direttamente i treni merci che vi giungevano su un percorso ferroviario apposito.

Pavia ci risolse un problema veramente grande e che non avevo valutato all'inizio nella sua vera dimensione. I prodotti che dovevamo vendere avevano essenzialmente due provenienze, una in Estremo Oriente ed una in Inghilterra.

Per motivi che dipendevano solo dalle necessità inglesi, Amstrad produceva i suoi articoli del mondo audio (Hi Fi, ecc.) in

Inghilterra, mentre wordprocessor e PC si producevano prevalentemente in fabbriche ad Hong Kong, su disegno e specifiche dei laboratori Amstrad.

Mi trovai quindi quasi subito, non solo a gestire la movimentazione dei prodotti la cui quantità aumentava a dismisura, ma anche importanti problemi finanziari.

Mi spiego: quando un prodotto arrivava da Honk Kong, dovevamo versare in contanti l'Iva e le tasse doganali per sdoganarlo, una bella uscita di cash prima ancora di aver venduto qualcosa.

Per quanto riguardava gli Hi-Fi ed i televisori provenienti dall'Europa, oggi potrebbe sembrare che fosse sufficiente versare l'Iva, ma non era così.

Proprio allora lo Stato Italiano aveva imposto una tassa molto alta su tutti i prodotti ritenuti di lusso e quelli Amstrad, seppure poco costosi e tutt'altro che di lusso, rientravano in quella categoria.

Immaginatevi dover versare in contanti quasi il 50% del valore del prodotto all'arrivo in Italia. Ed immaginatevi i mugugni e gli improperi, giustificati per altro, verso queste leggi italiane che mi sarebbero arrivate dall'Inghilterra.

Bisognava trovare una soluzione per alleviare quella pazzesca fuoriuscita di denaro e poiché percepivo un certo disappunto inglese verso il mercato italiano a cui, ovviamente, io tenevo molto.

Devo dire che i Magazzini Cariplo ed il loro direttore generale mi trovarono una soluzione fantastica. All'interno dell'area di Pavia esistevano zone doganali, cioè aree da considerarsi stato estero, dove si potevano immagazzinare prodotti prima dello sdoganamento.

Il magazzino

In queste aree chiuse vi potevano entrare solo i doganieri e i funzionari della Finanza. In pratica nei Magazzini Cariplo esistevano delle dogane interne.

Con Giannecchini e Lora studiammo la cosa ed alla fine decisi per una soluzione a dir poco ardita. C'erano due enormi capannoni affacciati l'uno all'altro, liberi e di circa 10.000 metri quadrati ciascuno: uno era in area doganale e l'altro per merci sdoganate.

Pavia - Magazzini Cariplo, in visita con la famiglia

Pavia - Altra visuale dei due magazzini Cariplo

Li affittai ambedue anche se al momento sembravano decisamente di una dimensione eccesiva per le nostre esigenze, ma quando il business raggiunse valori doppi e tripli rispetto a quanto preventivato, quegli spazi furono vitali.

Ed ecco come si ridusse l'uscita di denaro: tutti i prodotti che arrivavano dall'estero venivano immagazzinati nell'area doganale ed ogni giorno, secondo gi ordinativi da evadere in Italia, si sdoganava la sola porzione necessaria quel giorno.

Migliorammo così di molto il cash flow della società e risolvemmo anche un altro problema che al momento non avevamo considerato e cioè lo "swapping" di prodotti tra le filiali dei Paesi Europei.

Lo scambio di prodotti a magazzino necessari per colmare eventuali mancanze in una filiale estera poteva così avvenire spostando solo i prodotti presenti nel magazzino doganale e quindi senza perdere le tasse pagate per i prodotti presenti nell'altro magazzino.

Naturalmente si utilizzò la cosa nei due sensi e inoltre l'eventuale invenduto poteva essere gestito molto facilmente, praticamente con le sole spese di spedizione.

Devo inoltre aggiungere che il costo dello stoccaggio per unità di prodotto risultò enormemente inferiore ai valori a cui ero abituato nel mondo dei "camici bianchi".

Ancora una volta devo dar ragione alla massima che afferma: "la spinta del bisogno fa trovare la soluzione!".

Il sistema informativo

Era impensabile un'organizzazione come la nostra senza automatizzarne l'attività con un adeguato sistema informativo.

Nella mia esperienza precedente avevo avuto la necessità di sviluppare un sofisticato sistema computerizzato e da vari anni utilizzavo un computer IBM Sistema 38 di fascia alta.

Conoscevo quindi molto bene i costi delle macchine, dei programmi ed il costo degli specialisti necessari in quell'area.

Il sistema, che avevo lasciato pochi mesi prima, consisteva in una unità centrale comprendente il massimo possibile di memorie a disco, 90 terminali locali e 4 terminali in remoto collegati con linee telefoniche affittate ... allora non esisteva internet.

Il tutto era gestito da un capocentro e 3 programmatori che da lui dipendevano per lo sviluppo dei programmi necessari e che non esistevano sul mercato.

Era un mostro costosissimo, ma che mi permetteva di gestire in tempo reale 20.000 articoli a magazzino e 50.000 articoli trattati a listino dei fabbricanti che rappresentavamo per l'Italia.

Era un'opera immane che ci permetteva di servire praticamente buona parte dell'industria italiana consegnando loro da un singolo piccolo pezzo del valore di poche lire a intere forniture di componenti elettronici schedulate lungo l'anno, ed il tutto senza sbagliare.

1986 - Il costoso centro di calcolo della mia precedente società

Quel sistema veniva utilizzato da tutti i dipendenti nelle varie funzioni e, tra l'altro, fu visionato anche dall'estero. Mr. Carlo Gierscht della tedesca Spoerle, per esempio, venne in Italia per studiarne le funzionalità e copiarle, avendo lui stesso iniziato ad utilizzare un Sistema 38 per la Germania.

A confronto di quel sistema le mie necessità per automatizzare l'Amstrad Spa erano enormemente inferiori.

Inoltre non avevo assolutamente bisogno di grandi memorie, linee in remoto, ecc. ecc.

Dal punto di vista del sistema informativo, che un articolo sia grande come un auto o piccolo come una resistenza e che la quantità da trattare di quell'articolo sia uno al giorno o 100.000 al giorno, la potenza di calcolo e la quantità di memoria sono esattamente le stesse.

Avevo visto che in Spagna ed in Francia utilizzavano le nascenti reti di PC, tra l'altro impiegando proprio l'hardware Amstrad.

Il sistema informativo

E sapevo che se avessi chiesto a Brentwood cosa fare in quel senso non avrebbero esitato un secondo ad impormi quei sistemi di primordiali reti di PC.

Ero quindi tra due fuochi: se avessi usato i PC, ad esempio con la rete Novell che era tra i prodotti che precedentemente trattavo, il problema si sarebbe spostato sulla necessità di avere all'interno dell'organizzazione un gestore della rete e soprattutto sulla possibilità di trovare gli applicativi giusti e perfettamente funzionanti, senza dover scrivere nuovi programmi o personalizzarli.

Non c'era il tempo necessario ed inoltre avevo visto bene i problemi che queste piccole reti in Spagna e Francia provocavano ... un rischio enorme in quel momento.

Interpellai subito il giovane amico Antonello Morina che aveva da poco fondato a Rimini la Esa Software per la realizzazione di programmi gestionali proprio per le reti di PC.

Senz'altro avrebbe potuto essere una via, ma allora la stabilità di una piccola rete e del relativo software per gestire decine di miliardi di business mi preoccupava molto.

Interpellai anche IBM per verificare se avessi potuto trovare un S38 usato con relativi programmi, ma anche questa via mi fu preclusa essenzialmente per motivi di tempo e la necessità comunque di disporre del personale per gestire un simile sistema.

La cosa era tutt'altro che secondaria, sapevo bene che assumendo personale di primo pelo, come avrei presto fatto, non potevo permettermi di caricare sulle loro spalle un sistema mal funzionante.

Ma ecco che improvvisa ed assolutamente inaspettata mi trovo la più bella, la più semplice, la più efficace, la più sicura e la meno costosa delle soluzioni che Brentwood non avrebbe potuto contestarmi.

Leggo sulla mia agenda di allora un appuntamento per il 23 giugno 1987 a Novate Milanese con la ditta Skemalog. Trovo anche i nomi delle persone che incontrai, i sigg. Tonus e Farotto ed è proprio lì che trovai la mia soluzione.

Devo fare una premessa: in quegli anni IBM era il numero uno del mercato dei computer gestionali di media dimensione ed il Sistema 38, da cui poi deriverà il Sistema 400, aveva la dimensione ideale per il mercato italiano e le sue aziende di media dimensione.

Non era un costoso mainframe, ma si collocava in una fascia intermedia, utilizzava avanzate tecnologie e soprattutto un data base relazionale che ne semplificava lo sviluppo di applicativi.

Una sorta di Big Data, per usare una terminologia moderna, da cui i programmi traevano le informazioni loro necessarie e si programmava in RGP, un linguaggio agile e semplice.

Sulla scia di questo successo in Italia erano nate una miriade di piccole aziende, patner di IBM, la cui funzione era di interfacciare quel sistema con le varie aziende clienti.

In pratica personalizzavano il software su richiesta dei clienti ed IBM favoriva moltissimo questo sodalizio.

Ma la Skemalog aveva qualcosa di particolare: aveva iniziato ad offrire il suo sistema 38 in time sharing ai propri clienti, collegandoli con una linea telefonica affittata.

Si erano cioè scavati una nicchia di mercato gestendo i clienti in remoto e così, oltre a sviluppare software per i clienti, vendevano anche il loro hardware a pezzettini.

Non mi parve vero! Li avrei baciati in fronte ... non dovevo investire nulla e praticamente potevo iniziare subito, proprio con

Il sistema informativo

un Sistema 38 non mio, ma di cui conoscevo bene i vantaggi e la sicurezza.

Sala computer Skemalog collegata con Amstrad Spa

Sala computer Skemalog collegata con Amstrad Spa

Inutile dire che ci sedemmo subito a discutere prezzi, tempi, gli applicativi, ecc. ecc.

Dissi comunque loro che l'azienda che stavo gestendo non era una salumeria, per cui avevo assolutamente bisogno di visitare qualche loro cliente per controllare cosa la Skemalog facesse e sentire da costoro qualche parere.

In effetti, una volta forniti loro i dati della società, inglese, quotata in borsa a disponibile a dare tutte le necessarie garanzie e le dimensioni del business, si fecero in quattro per accontentarmi e mi accompagnarono nei giorni seguenti a visitare tre loro clienti.

Ne riportai un'ottima impressione e quindi ci sedemmo per concludere l'accordo, ma mi fermarono subito sull'argomento programmi.

Poiché con la realizzazione dei programmi avevano un buon profitto, cosa che immaginavo, cominciarono a parlarmi di personalizzazione, di ore di programmazione per adattare il tutto all'Amstrad Spa ecc. ecc.

Il sistema informativo

Era il percorso su cui erano abituati a portare il cliente e non immaginavano certo quanto fossi esperto su questi argomenti.

Primo, i tempi non mi permettevano alcuna vera personalizzazione di alcun pacchetto software; secondo sapevo bene che in quell'area saremmo entrati nelle sabbie mobili.

Chi avrebbe messo giù l'analisi, chi ne avrebbe seguito gli sviluppi dei programmi, chi li avrebbe certificati? Ancora peggio, se qualcosa non avesse funzionato nei programmi una volta realizzati o modificati sarebbe stata colpa dei loro programmatori o dell'analisi fatta e quindi delle specifiche sottoscritte dal cliente?

Conoscevo troppo bene quel mondo e con le modestissime risorse umane di cui disponevo non intendevo proprio infilarmi in quei drammi.

Dissi quindi, creando in loro un certo disappunto: "Ho visto i programmi che utilizza il vostro cliente X che abbiamo visitato insieme l'altro ieri, mi vanno benissimo, copiateli identici per me!"
Ne nacque una discussione tecnica del tipo: "Ma qualche adattamento dovremo farlo, la sua azienda avrà bisogno di statistiche diverse, di stampare bolle e fatture in formati diversi, ecc. ecc. ... non ci è mai capitato che un'azienda non personalizzasse i vari pacchetti!".

Chiusi rapidamente l'argomento lasciando loro la speranza in un futuro non lontano di ulteriori sviluppi sia in termini di hardware che di software e firmammo un primo contratto di affitto in remoto del loro sistema 38 in cui avrebbero fatto girare per noi i programmi, come per il cliente X che avevamo visitato.

SKEMALOG s.r.l.

SERVIZIO DI ELABORAZIONE DATI / REALIZZAZIONE PROCEDURE EDP / CONSULENZA ED ORGANIZZAZIONE

Novate Mil. 19 Giugno 1987
Prot. n° 174 UT

Oggetto: Offerta di Servizio di Elaborazione Dati tramite terminali collegati su linea Sip in tempo reale.

Analisi e Programmi (Software)

Analisi dettagliata delle singole procedure e criteri di integrazione tra le stesse.

Realizzazione dei programmi secondo l'analisi concordata al punto precedente.

Test-prova e test sui dati effettivi per controllare la validità dei programmi per la fase operativa.

Procedura per l'acquisizione dei dati di partenza memorizzati su supporti magnetici nel caso siano disponibili.

****

Dopo il 3° anno l'operazione avrà un costo fisso di 20 Milioni pari al costo orientativo dell'assistenza ordinaria annuale dei programmi componenti le "PROCEDURE PREVISTE".

Naturalmente la nostra società sarà a disposizione per la fornitura della manutenzione ed assistenza software sia applicativa che sistemistica, per le quali proporrà un contratto annuale o una tariffa oraria per ogni intervento su Vs. richiesta.

――― ooo ―――

Nel confermarVi la garanzia di un lavoro qualitativamente molto accurato ed il rispetto delle scadenze concordate, restiamo a disposizione in attesa di un Vs. positivo riscontro.

Distinti saluti

Per Accettazione

SKEMALOG s.r.l.
(Un Amministratore)

Skemalog: contratto per sistema informativo firmato il 19/6/97

I soli adattamenti che giocoforza dovetti accettare e sottoscrivere furono le tabelle, cioè i nomi dei prodotti, dei clienti, ecc.

Ovviamente l'intestazione della modulistica che il sistema avrebbe dovuto stampare come fatture e bolle non poteva certo rimanere quella dell'azienda visitata e poco altro.

Capovolsi il metodo: invece di adattare il software all'azienda avrei adattato l'azienda al software! E, importantissimo, non avevo bisogno di nessun investimento, nessun esperto informatico da assumere e quindi di nessuna approvazione da parte di Brentwood.

Rete di rivendita

Dopo tutte le questioni tecniche fin qui trattate, non può mancare un accenno alla dura trafila che dovetti superare per riuscire a vendere i prodotti Amstrad.

Senza una rete di rivendita disposta a trattare i nostri prodotti e quindi a farli giungere ai consumatori finali che me ne sarei fatto di magazzino, sistema informativo, palazzina e tutto il resto?

Praticamente già prima dell'omologazione della Spa avevo iniziato a sondare quali possibilità avessi di interessare le reti commerciali che trattavano in Italia prodotti simili ai nostri.

Devo subito precisare che in quest'area c'era una profonda differenza tra Italia e gli altri tre Paesi che avevo visitato.

In quei Paesi esistevano quelle che si chiamavano "grandi superfici" che da tempo trattavano i prodotti elettronici come PC ed Hi Fi.

In Inghilterra c'era una Dixons, in Spagna un Cortes Inglés, in Francia Darty e Auchan e non solo quelle: mi era stato spiegato che quei clienti erano i loro target primari.

La situazione era totalmente diversa in Italia. Standa, Rinascente, Upim ed altre erano entità lontanissime da quei prodotti e solo verso la fine del mio mandato nel 1990 riuscii a convincerne qualcuna a provare la vendita dei nostri prodotti, tra l'altro con scarso successo.

I prodotti Amstrad richiedevano in Italia di essere trattati da una moltitudine di piccoli rivenditori sparsi in tutto il Paese e le varie ricerche di mercato concordavano nel contarne ben oltre 10.000.

Una buona parte di questi punti di vendita si erano associati in organizzazioni per condividerne la promozioni pubblicitaria e gli acquisti. Erano molto note le reti Expert, Coeco ed Eco Italia, oltre a svariate altre entità più o meno grandi.

In poche parole il grande mercato del consumo elettronico, soprattutto informatico, era appena nato in Italia e si sarebbe sviluppato nella forma odierna solo molto dopo la mia avventura Amstrad.

La rete Expert mi fu indicata come la più valida per prodotti elettronici destinati ai consumatori ed alcuni loro punti vendita già trattavano anche Ibm ed Olivetti.

Non esitai quindi a visitare alcuni punti vendita a Milano, tra cui la Faref della rete Expert che disponeva di una serie di vetrine a non più di 10 minuti a piedi dalla mia abitazione in corso Sempione, dove tra l'altro, mi ero spesso servito per i miei acquisti personali.

Mi recai in quel negozio i primi di Luglio e volli parlare col responsabile visto diverse volte durante i miei acquisti.

Gli spiegai cosa stavo facendo e che da settembre avrei lanciato in Italia l'Amstrad inglese e gli illustrai i prodotti.

Fece finta di interessarsi, ero pur sempre un suo buon cliente, ma alla fine mi disse chiaramente che la qualificazione dei fornitori per tutta la rete Expert la faceva una certa società Serta appartenente alla rete stessa, e che questa Serta si occupava anche degli acquisti di gruppo. Aggiunse che lui non era certo autorizzato a mettere in vetrina un nuovo marchio.

Mi feci dare le coordinate della Serta a Milano, in via Savoia 28, ed il nome del presidente Dr. Tasso.

Eravamo già a metà Luglio, avevo il disperato bisogno di una rete di vendita pronta a settembre e questa Expert, molto rispettata, mi parve una soluzione ideale per cominciare.

Presi un appuntamento col Dr. Tasso, appuntamento per cui dovetti insistere molto. Alla fine mi presentai nel suo ufficio con tutta l'intenzione di favorire quella rete al massimo possibile.

Se dicessi che l'incontro fu duro direi un eufemismo. Riuscii a mala pena ad ottenere che mi concedesse 10 minuti per spiegargli chi eravamo ed i nostri piani, dopo di che mi interruppe bruscamente affermando qualcosa del tipo: "Lei viene qui in luglio a propormi dei prodotti per la nostra rete ora?! Ma non sa che definiamo tutti i nostri acquisti, anche per le vacanze di Natale, nei mesi tra aprile e maggio?".

Tentai di dire che lo immaginavo, che comunque non volevo certo che tutta la sua rete abbracciasse subito Amstrad, ma che avrei indirizzato verso alcuni suoi punti vendita la clientela che da settembre avrebbe letto la nostra pubblicità.

Non ci fu proprio nulla da fare. Citava i loro grandi ed apprezzati fornitori come Sony, Philips, Hitachi e più ne aveva e più ne metteva, chi era questa Amstraduccia per avere il privilegio di apparire nelle loro vetrine? ... ed aggiunse, con un cipiglio che sembrava più una minaccia che una raccomandazione: "Non osate contattare i nostri singoli punti vendita per i vostri prodotti!".

All'incontro era presente un giovane assistente marketing, un certo Lorenzo Rudella, da poco laureato, che gestiva la loro pubblicità. Dal poco che fu autorizzato a dirmi, mi sembrò molto sveglio e preparato.

Da quel meeting non ne uscii sconvolto, ma molto arrabbiato, per non usare un altro termine più pesante e mi legai la cosa al dito, come si usa dire.

In seguito convocai il giovane Rudella nel mio ufficio Amstrad e gli offrii un contratto di lavoro come responsabile marketing, con un compenso naturalmente molto superiore a quello che percepiva alla Serta.

Quella era la posizione chiave che cercavo di coprire con un'azione di ricerca, che presto avrei assegnato ad una nota società di ricerca personale!

Era molto importante per me disporre di un collaboratore che conoscesse dall'interno i dettagli delle reti di rivendita italiane e che avesse imparato tecniche di promozione e pubblicità.

Rudella si dimostrerà un collaboratore fantastico ed un formidabile aiuto per tutto quello che riguardava comunicazione, pubblicità e documentazione.

Comunque il problema iniziale della rete di vendita iniziale rimaneva irrisolto e la questione non era da poco se volevo fatturare valori sostanziali entro l'anno.

Mi era chiaro che cercare di mettere il marchio Amstrad a confronto con reti che da decenni trattavano altri eclatanti marchi, senza provarne prima la vendibilità, sarebbe stato tempo sprecato.

Nel frattempo comunque avevo prenotato e organizzato irreversibilmente le due mostre di settembre e la campagna stampa che ne sarebbe seguita. Era fondamentale che i prodotti Amstrad fossero disponibili presso i punti di vendita o il tutto sarebbe stato un disastro.

Stavo mettendo insieme una formidabile squadra di calcio e non avere risolto il problema del centrattacco per tirare in porta, cioè ai consumatori, rappresentava una certezza di perdere la partita.

Noi certamente non avremmo potuto tentare di vendere direttamente al pubblico, come maldestramente già aveva tentato negli anni precedenti l'organizzazione GBC, fallendo miseramente.

Anche qui, come per il magazzino decisi di uscire dagli schemi e mi chiesi: "Perché non cercare altre reti non note per questi prodotti e magari interessate ad allargare la loro offerta?".

In fondo poi saremmo stati noi ad incanalare il pubblico verso di loro con la nostra pubblicità e non loro a richiamare i clienti finali.

Scoprii così la rete Singer, quella delle macchine per cucire, e venni a sapere che l'intera rete italiana era stata appena acquisita dall'inglese EHP (European Home Products) il cui obiettivo era proprio quello di utilizzare la rete per altri prodotti compatibili con le macchine da cucire.

Subito pensai che per il tipo di target che avevano, cioè le famiglie, i nostri prodotti sarebbero stati ideali, si trattava solo di convincerli.

Cercai la loro sede che si trovava a Milano in via Grazioli e mi precipitai dall'amministratore delegato dr. Alberto Nigro.

Anticipo subito che ben presto saremmo diventati amici e che trovai in lui non solo un grande commerciante, ma anche un uomo deciso e capace di rapide e coraggiose scelte.

Parlando con lui mi resi conto di una realtà incredibile da cui ero lontanissimo, equiparabile alla mia scoperta dei Magazzini Cariplo e del relativo settore alimentare.

Avevano ben 500 punti di vendita esclusivi di cui più della metà di proprietà. Coprivano tutta la penisola e le isole e scoprii solo allora che il cucire in casa era un' attività molto diffusa in Italia e quella capillarità, che arrivava ovunque, era ampiamente giustificata dalla struttura del territorio e dell'uso che se ne faceva nelle famiglie italiane.

Vetrina di un punto vendita della rete Singer/EHP

Altro che Expert con i suoi poco più di cento punti vendita, tra l'altro in concorrenza fra di loro e tutti al Nord!

Gli spiegai il progetto, il piano pubblicitario, i prodotti ed alla fine il Dott. Nigro mi confermò il suo estremo interesse, ma aggiunse che aveva due grossi problemi.

Proprio in quel momento fuori Milano, alla villa Serbelloni di Bellagio si stava svolgendo l'annuale convention con i suoi punti vendita lì convenuti da tutta Italia e i suoi uomini stavano illustrando a loro prodotti e strategie.

Non poteva poi impegnarsi economicamente per acquisti di nuovi prodotti, soprattutto per cifre cospicue.

A quel punto decisi di affrontare i suoi problemi e di non lasciarmi sfuggire l'occasione di disporre da settembre di ben 500 punti di vendita.

Gli feci pertanto la seguente offerta: "Voi non dovrete acquistare nulla, noi vi forniremo campionature in conto deposito e pagherete sul venduto".

Aggiunsi poi la frase che lo fece scattare; "Da settembre faremo una intensa campagna pubblicitaria a pagina intera sui principali quotidiani in cui annunceremo i prodotti, il loro prezzo e dove comprarli. In calce alla pubblicità metteremo i soli vostri indirizzi e tutta l'utenza finale sarà indirizzata ai vostri punti di vendita e non ad altri".

Vidi un luccichio nei suoi occhi ed un forte desiderio di accettare, ma da buon commerciante sollevò l'obiezione dei tempi per annunciare il progetto alla sua organizzazione, spiegare i prodotti, insomma le normali tempistiche per incanalare nuovi prodotti.

Non potevo che dargli ragione, ma azzardai un'ipotesi: "Dr. Nigro" gli dissi "se lei mi da l'OK ora, io organizzo per domani mattina una presentazione di tutti i nostri prodotti al suo meeting e non solo, ci sarà anche l'intera gamma fisica dei prodotti da mostrare alla sua organizzazione".

Accettò con coraggio la sfida e in sua presenza telefonai a Giannecchini chiedendogli di affittare subito un camion, caricare i pochi campioni di prodotti che avevamo e di recarsi all'hotel fuori Milano dove il Dr. Nigro ed io avremmo presentato a tutti i nostri nuovissimi prodotti.

Detto fatto, il giorno dopo tutti i partecipanti al meeting ritennero che il furbo Dr. Nigro si fosse tenuto quella sorpresa per il gran finale del meeting ed io mantenni la promessa fatta di elencare la sua rete di vendita in tutta la nostra comunicazione al pubblico.

Nei mesi da settembre a dicembre del 1987, come vedremo, riuscimmo a fatturare 20 miliardi di lire tra l'incredulità di tutti, compreso Brentwood, ed un gran merito andò proprio a questa rete.

Dopo quell'exploit, non dovevo più rincorrere le reti, erano loro che venivano a Canossa anche perché stavano tutte perdendo vendite verso la rete Singer che proprio noi avevamo svincolato dal mercato del cucito.

La rete vendita e la politica commerciale ideata per proteggere il loro margine dalla competizione sfrenata che allora esisteva tra gli stessi punti di vendita, come vedremo in un apposito capitolo, creò una profonda empatia tra Amstrad e loro stessi.

Ben presto raggiungemmo gli oltre 2000 punti di vendita i cui indirizzi pubblicavamo nella nostra rivista Amstrad Magazine ed anche in calce alla pubblicità nei quotidiani. Il loro elenco copriva 6 pagine della rivista come la seguente.

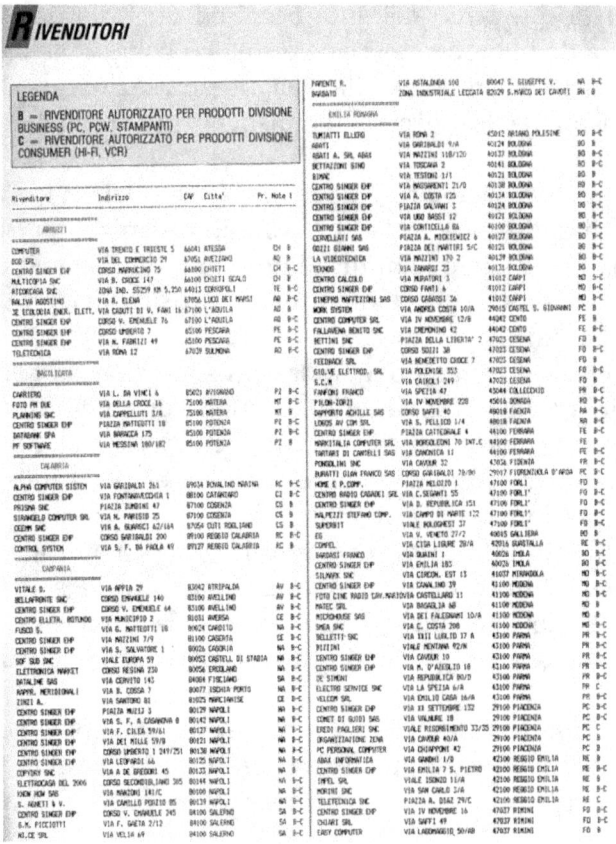

Rivenditori: una delle 6 pagine pubblicate su Amstrad Magazine

Con l'ampliamento della gamma dei prodotti e per attribuire una differenziazione tra i rivenditori generici e quelli in grado di offrire servizi di assistenza e corsi, in modo particolare per l'area

PC, decidemmo di distinguerli tra "rivenditori generici" e "rivenditori Advanced (ADV)".

Questi ultimi alla fine del 1989 raggiunsero un numero intorno al migliaio e la fidelizzazione fu rafforzata impostando collaborazioni tecniche con loro e assegnando loro nel 1990 quei grandi clienti che ci contattavano per acquisti multipli. Ne parleremo nel capitolo relativo alla "Politica per grandi Utenti".

Nella rivista Amstrad Magazine il loro elenco era contraddistinto da un fondo giallo.

Rivenditori ADV: una delle 4 pagine pubblicate su Amstrad Magazine

Alcuni di questi rivenditori Advanced collaboravano anche con la nostra rivista pubblicando i loro articoli tecnici e inoltre pubblicavano a pagamento delle loro pubblicità nell'area "piccole inserzioni".

Sezione di piccoli annunci riservata ai nostri rivenditori: Nord

Sezione di piccoli annunci riservata ai nostri rivenditori: Centro

Rete di rivendita

Sezione di piccoli annunci riservata ai nostri rivenditori: Sud e isole

Questa politica di appoggio alle attività di vendita locali, unita alla intensa pubblicità ed alla nostra capacità di rapide consegne, creò una situazione molto virtuosa in campo che portava questi rivenditori a favorirci nelle loro attività ed anche ad accettare le strette condizioni di pagamento che imponevamo (30 gg. fine mese nell'ambito di una modesta linea di credito).

Inoltre realizzavamo conferenze e presentazioni in tutta Italia invitandovi i rivenditori con cui il personale Amstrad, anche non facente parte del reparto vendite, poteva discutere con loro e rispondere alle varie domande tecniche.

La mostra itinerante col TIR di Holer Togni completava il nostro supporto in molte zone con l'esposizione di tutta la gamma dei prodotti Amstrad al pubblico invitato dagli stessi rivenditori dove quel TIR sostava per alcuni giorni.

Avevamo così raggiunto una perfetta comunione di interesse con i rivenditori che ci permise di risolvere l'annoso problema del credito e quindi ci creammo una tranquillità sul rientro economico del venduto, che stava crescendo enormemente.

Purtroppo questo efficacissimo meccanismo fu interrotto, come vedremo, dopo le mie dimissioni del 1990 che creò sia un disastro di vendite e sia un disastro finanziario.

Agenzia pubblicitaria

Nella mia vita professionale avevo già avuto a che fare con la pubblicità, ma la mia esperienza si limitava al mondo dell'industria, per prodotti altamente tecnologici e quasi sempre attraverso organi specializzati.

Ciò che avevo visto nelle mie tre visite iniziali nelle filiali Amstrad degli altri Paesi di successo aveva ben poco in comune con quanto avevo sperimentato.

Direi che Francia e Spagna mi avevano praticamente scioccato e, trascurando per un attimo la campagna della Marion con l'uomo nudo dietro un PC che consideravo decisamente eccessiva, avevo notato che i loro messaggi pubblicitari erano diretti, senza fronzoli e sicuramente efficaci.

Anche gli spot televisivi mi avevano impressionato. Ad esempio in Inghilterra aveva avuto molto successo uno spot in cui si vedeva una persona che, dopo aver lanciato dalla finestra una macchina da scrivere che si schiantava dentro una pattumiera, si sedeva alla scrivania per scrivere col wordprocessor Amstrad.

Nulla di più chiaro per spiegare alla gente che quel prodotto Amstrad sostituiva le macchine da scrivere. Per questo Amstrad ne vendette in un anno 500.000 in un mercato che era dato di soli 50.000 wordprocessor.

Amstrad così inseriva quel suo prodotto come sostituto nel ben più ampio mercato delle macchine da scrivere e non in conflitto con altri wordprocessor di fascia alta.

La prima agenzia scelta in una selezione iniziale realizzata con la collaborazione di Malcolm Miller cadde sulla filiale italiana della PT&Needham rappresentata dalla Svimark.

Devo dire subito che percepii una certa resistenza alle mie richieste: erano dei noti professionisti, svolgevano quell'attività per grandi aziende ed io non riuscivo a passare il messaggio della peculiarità di Amstrad.

Tra le prime cose mi chiesero quale fosse il piano di vendite in Italia e raccontai loro della mia scommessa con Alan Sugar di raggiungere rapidamente i 50 miliardi.

Ricordo che quasi si misero a ridere; mi risposero che da anni lavoravano per la tedesca Nixdorf e che per raggiungere i 20 miliardi avevano impiegato 3 o 4 anni e con grande fatica.

Comunque cominciammo a discutere su come volevo che fosse la pagina intera da pubblicare sul Corriere della Sera a settembre in concomitanza col SIM.

Cominciarono i problemi: mi presentavano delle idee apparentemente belle, ma assolutamente non dirompenti. Avevo bisogno di una comunicazione diretta, semplice e forte, come avevo visto in Francia e Spagna.

Il colmo delle divergenze fu raggiunto quando comunicai che ogni prodotto Amstrad dovesse mostrare il suo prezzo al pubblico in puro stile anglosassone.

Insistevano che in Italia non funzionava e ad un certo punto imposi che la pagina fosse realizzata come volevo: grandi foto del prodotto, una bandierina col prezzo ed in calce la lista dei punti di vendita e la scritta "INCREDIBILE" a caratteri cubitali.

Pagina intera adottata per molti quotidiani e che ebbe grande successo

La risposta fu che avrebbero fatto quanto il cliente chiedeva, ma che non avrebbero mai firmato una pubblicità così fatta. Fu a quel punto che mi irritai molto e decisi di rompere il contratto che avevamo firmato.

Ci fu un po' di scaramuccia, ma alla fine concordammo una separazione pacifica. Del resto anche loro erano ben lontani dal percepire quello che sarebbe diventato anche in Italia un nuovo modo di comunicare i prodotti tecnologici, seguendo l'esempio Amstrad e in quel momento provavano grande imbarazzo nell'accettare quella filosofia.

Comunque non potevo fare a meno di un ente che mi gestisse la comunicazione, soprattutto la preparazione di pagine e spot TV con lo stile e l'aggressività tipica della comunicazione di successo Amstrad.

Ma in seguito mi sono ricordato della campagna Commodore del 1984 e 1985 che aveva avuto grandissimo successo e che aveva fatto vendere centinaia di migliaia di Commodore 64.

Ne cercai l'autore di cui ricordavo il nome, Alberto Vitali, che rintracciai come "Opinione" in piazza San Carlo a Milano, e ne trattai un contratto in seguito quando lo sostituii a PT-Needham.

Con queste premesse comunque dovevamo trovare rapidamente un'agenzia adatta ai nostri obiettivi immediati e la scelta di Malcolm Miller, responsabile marketing, fu un'altra.

Interpellammo tre società, ciascuna delle quali ci presentò dei bozzetti come test ed alla fine Malcolm Miller scelse la filiale italiana della PT&Needham.

Tornato in Inghilterra Malcolm continuò a seguirmi in questa attività che giustamente considerava determinante per il successo della Spa.

Ebbi incontri regolari con il Dr. Mauro Toscano e l'account manager Sig. Foresti a cui, via via, proponevo alcune idee che mi venivano dall'aver visto il metodo Amstrad a Parigi ed a Madrid.

OPINIONE - Alberto Vitali

INCARICO DI AGENZIA PUBBLICITARIA

Tra l'AMSTRAD spa-Via Riccione,14-20156 Milano (di seguito Amstrad) rappresentata dall'Ing.E.Accenti e dal Dr.G.Luise ed OPINIONE srl- Via G.Mora,22-20123 Milano (di seguito Opinione) rappresentata dal Sig. Alberto Vitali si stipula il seguente contratto che ha per oggetto l'incarico di Agenzia Pubblicitaria da svolgersi con le modalita' di seguito stabilite.

1. Oggetto
L'Amstrad affida in via non esclusiva ad Opinione l'incarico di studiare, ideare, programmare, realizzare, controllare quelle campagne e/o iniziative pubblicitarie, promozionali e di sponsorizzazione, che la stessa AMSTRAD decidera' a sua assoluta discrezione, per gruppi e/o categorie e/o singoli prodotti da lei commercializzati (di seguito Campagne Pubblicitarie Affidate).

****

per l'AMSTRAD   per Opinione
(timbro e firma)   (timbro e firma)
QUALIFICA _____   QUALIFICA _____
DATA   6 giugno 1990   DATA   6 giugno 1990

Ai sensi e per gli effetti dell'art. 1341 C.C. si approvano espressamente le seguenti clausole:
1.- Oggetto
11- Diligenza e responsabilita'
13- Durata
14- Clausola risolutiva espressa
15- Risoluzione del contratto
16- Transazione e rinuncia
17- Foro Competente

per l'AMSTRAD   per Opinione
(timbro e firma)   (timbro e firma)

Rinnovo del contratto con Opinione di Alberto Vitali

Vitali, nonostante la sua magistrale operazione Commodore che era stata una pietra miliare per convincere un larghissimo pubblico ad acquistare quel fantastico home computer, non poteva al momento partecipare alla selezione perché le preferenze di Malcolm Miller cadevano sulle multinazionali.

Sarà in seguito che Alberto Vitali ed io, con l'aiuto del giovane Lorenzo Rudella, avremmo coperto l'Italia di pubblicità e spot TV, tanto che anche nelle più remote località il marchio Amstrad divenne sinonimo di buoni prodotti e giusti prezzi.

Non per niente consegnammo al mercato qualcosa come oltre 100.000 Hi-Fi su un mercato globale stimato in meno di 200.000 pezzi.

Quel risultato non fu dovuto al fatto che avevamo sottratto mercato alla concorrenza ma che allargammo quel mercato, come era successo in Inghilterra con il wordprocessor.

Rete di assistenza

Non potevo iniziare una capillare vendita al pubblico di prodotti tecnologici come PC, wordprocessor ecc. senza disporre anche di una rete di assistenza, rete che avrebbe dovuto provvedere alla copertura tecnica della garanzia che allora per legge era di un anno.

Sapevo che questo sarebbe stato un punto delicato facilmente attaccabile dalla concorrenza, ben radicata da anni nel Paese.

Se nella pubblicità non avessi aggiunto anche in modo chiaro nomi e indirizzi dei centri di assistenza qualificati da Amastrad per riparare eventuali guasti in garanzia, certamente avrei indebolito di molto l'azione commerciale.

Anche in questo caso la mia esperienza precedente con una società che avevo fondato nel 1974, la Eledra Systems, mi fu di grande aiuto nel senso che dovevo evitare quei metodi.

Questa società, diretta dall'espertissimo dr. Giorgio Grigoletti di provenienza Olivetti, aveva come compito, oltre la progettazione di sistemi digitali, anche l'assistenza di speciali e costosi computer detti "sistemi di sviluppo"

Ne conoscevo quindi bene sia i metodi e sia i costi. No, quel tipo di assistenza per l'avventura Amstrad non era economicamente sostenibile ed anche altre organizzazioni dedite all'assistenza dei computer avevano il problema del costo per unità riparata che, per computer costosi, poteva anche essere accettata ma non nel caso Amstrad che trattava prodotti informatici di fascia bassa.

Come avevo già fatto per la ricerca del magazzino e delle reti di vendita decisi di guardarmi intorno e di uscire dal mondo dei computer per trovare un'assistenza tecnica valida, ma con costi compatibili con i nostri obiettivi economici.

In fondo, pensai, un computer non è molto più complicato di una radio o di un televisore ed in quel periodo di televisori a colori se ne vendevano a migliaia ed erano garantiti, proprio come desideravo per i miei prodotti.

Feci una rapida e facile indagine e scoprii che molti importanti marchi di apparecchiature elettriche utilizzavano per la copertura delle loro garanzie e per le riparazioni a pagamento a garanzia scaduta, una rete gestita da un certo Filippo Bua.

Filippo Bua in un incontro conviviale di qualche anno dopo

Mi precipitai da lui, gli spiegai cosa stavo facendo e gli chiesi di mostrarmi la sua organizzazione.

Devo dire che ne fui positivamente impressionato: una impeccabile gestione dei pezzi di ricambio, laboratori attrezzatissimi per le riparazioni, una rete di punti di assistenza in tutta la penisola per lo più con una formula di franchising, e soprattutto tempi d'intervento che nella mia Eledra Systems mi sarei sognato: la mia soluzione ideale!

Ci sedemmo a discutere il contratto e subito nacque un grosso dilemma: per quanto riguardava i nostri Hi-FI, i videoregistratori ed i televisori con videoregistratore incorporato, Bua non ebbe dubbi e sarebbe stato felicissimo di iniziare subito, ma dei PC ed in generale dei prodotti digitali non ne voleva proprio sapere, non era la sua specializzazione e ne aveva paura.

Era sommerso di lavoro e di parti di ricambio per televisori, radio, Hi-Fi e perché mai andarsi ad imbarcare con riparazioni su quelle strane e complicate macchine dette computer? Non era il suo campo!

Ricordo ancora a distanza di tempo quella curiosa discussione: io provenivo dal mondo digitale e consideravo un televisore a colori ben più complicato da progettare, costruire e riparare, lui con in mano tutti i giorni i suoi prodotti analogici considerava un televisore come un giocattolo da sezionare e riparare con facilità, mentre il computer era sconosciuto e quindi inaccessibile.

Sudai sette camicie per spiegargli tecnicamente quanto fosse più semplice per lui riparare un PC che un televisore e lo convinsi solo quando gli dimostrai che, mentre con i televisori doveva cercare il guasto con oscilloscopi, tester, ecc., per i PC esistevano dei semplici programmi di diagnostica e che comunque nel 90% dei casi la sua organizzazione doveva semplicemente sostituire dei pezzi pronti: una scheda, un hard disk, un floppy disk, ecc, ... ed al limite, l'intero PC, banale!

Alla fine si convinse e lo assicurai che all'inizio sarebbe stato assistito dai nostri tecnici e che comunque l'avvio sarebbe stato graduale.

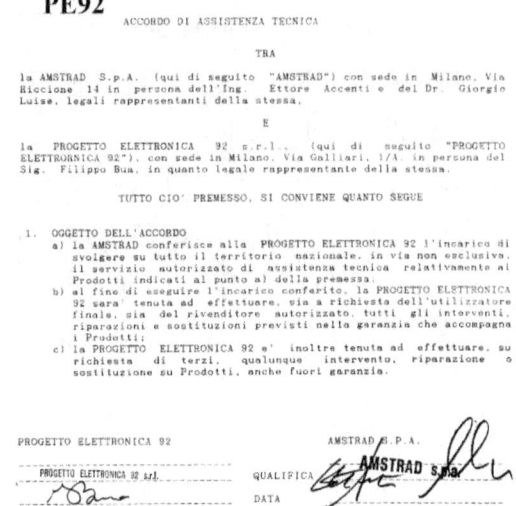

Contratto di assistenza su tutto il territorio nazionale firmato con Filippo Bua

Per quanto riguardava gli incombenti lanci pubblicitari potevo così dichiarare di avere una completa copertura territoriale per le riparazioni, le garanzie e soprattutto costi così bassi per noi che le organizzazioni concorrenti nell'area computer non potevano sicuramente ottenere.

Alla fine il business dei computer piacque così tanto a Filippo Bua che trasformò la sua organizzazione nella PE92 (Progetto Elettronica 92) ed allargò a dismisura i suoi partner fabbricanti di prodotti digitali offrendo loro un vasto ed impeccabile servizio nazionale economicamente valido. Filippo, aspetto una cena!
Qui di seguito alcune foto che ripresi negli anni novanta quando presentai l'ottima organizzazione di Filippo Bua, divenuto leader in Italia per l'assistenza di grandi marchi dell'informatica e non solo.

Staff direzionale PE92. Da sinistra Giuseppe Bua (direttore tecnico), Paolo Giuliani (presidente), Filippo Bua (fondatore e AD), Ettore Accenti

In questa visita Bua mi descrisse quanto la sua organizzazione fosse cresciuta e con molte più filiali in tutta la nazione.

Gestivano sia l'assistenza in garanzia di decine di grandi marchi sia le riparazioni postvendita a pagamento.

Immenso era poi il necessario magazzino di ricambi con decine di migliaia di parti tutte catalogate con precisione e registrate in un complesso sistema operativo basato su programmi proprietari.

Un bel salto in avanti da quella pur sempre ben organizzata società che visitai ai tempi di Amstrad e che mi fece un eccellente ed economico servizio in Amstrad.

Una delle aree PE92 predisposta per le ispezioni e riparazioni

Constatai la numerosa pattuglia tecnica che doveva essere capace di riparare una radio, un televisore od uno degli ultimi e delicati PC portatili Toshiba.

Bravo Filippo, un imprenditore capace e preparato, ero orgoglioso di averlo scoperto all'inizio della sua attività ed averlo visto crescere ed espandersi in modo veramente impressionante.

Tecnici al lavoro per una esplorazione tecnica preliminare

Parte del magazzino con prodotti in arrivo e da riparare

Devo aggiungere che comunque molti punti di vendita che qualificammo per la vendita di prodotti della fascia alta di computer avevano una loro capacità di intervento tecnico e tendevano ad offrire questo servizio ai loro clienti e con buoni profitti. Questi si aggiungevano alla rete PE92 aumentando la nostra copertura nazionale per un servizio così importante.

Questa peculiarità tipicamente italiana dei punti di vendita tecnologici si dimostrerà molto efficace soprattutto in zone remote e nel Sud e noi li sostenemmo in tutti i modi creando per loro la denominazione vista nel capitolo precedente di "Amstrad Advanced", pubblicando nella nostra rivista "Amstrad Magazine" i loro nominativi come specialisti del settore ed elencandoli assieme ai punti PE92 in due pagine a sfondo rosso.

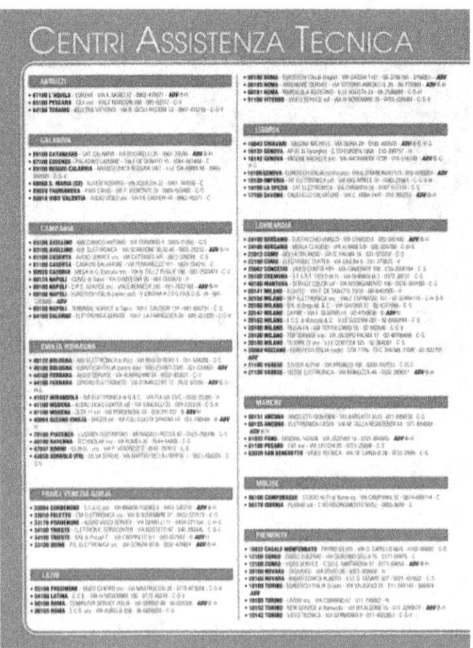

Centri assistenza: una delle due pagine pubblicate su Amstrad Magazine

Quindi alla fine, i prodotti Amstrad erano venduti da reti e punti di vendita puramente commerciali come Coeco, Standa, Rinascente e persino Expert e da centri tecnici in grado di servire i loro clienti a tutto tondo anche per i prodotti di fascia alta come i nuovi PC con CPU Intel 286 e 386.

La nuova serie Amstrad PC2000 annunciata alla fine del 1989 e che puntava proprio a vendere quei nuovi modelli trovò così in Italia strutture perfettamente pronte a gestirne tutti gli aspetti tecnici e commerciale.

Il personale: la scelta più importante

Si avvicinavano la fine di luglio 1987 ed il mese di agosto in cui in Italia in genere non si lavora: la partenza dell'avventura Amstrad era prevista per il primo settembre ed il SIM, prima mostra per il mercato consumer, il 3 settembre.

A quella mia prima apparizione sul mercato ed esposizione al pubblico non potevo certo giungere senza personale, senza venditori, senza un'amministrazione e, soprattutto, senza prodotti.

Al momento disponevo di uno sparuto numero di collaboratori: la mia segretaria Laudetta Galante e l'ing. Alex Pilone, provenienti dalla mia precedente società; Roberto Giannecchini e Lorenzo Rudella, ingaggiati durante i miei contatti nel periodo iniziale.

Vi era anche il francese Bertrand Duport, in prestito da Amstrad Plc, che fu fondamentale per tutta l'impostazione finanziaria e che in seguito avrebbe fatto parte del consiglio d'amministrazione della Spa.

Inoltre mi assistevano Enzo Maestroni e Mariangela Frontini, dipendenti della società Evart Arredi Srl ed il loro capo, mia moglie Eva, che tanta parte ha avuto in questa prima fase per gli uffici, l'arredamento, le mostre ed altri appoggi, di cui avevo urgente bisogno.

Evart gestì tra l'altro le importazioni dei primi prodotti provenienti dall'Inghilterra, che non potevano essere spediti all'ancora inesistente Amstrad Spa.

Evart: da sin. Gianni Modolo, Mariangela Frontini, Eva Accenti e Enzo Maestroni

Con quanto sopra l'azienda era ben lontana dall'essere in grado di operare compiutamente sul mercato: mancavano la contabilità, il gruppo tecnico, il responsabile del magazzino e fondamentali, i venditori.

Conoscevo alcune società di ricerca del personale ed una in particolare, la ISO dell'ottimo Dr. Giorgio Cozzi che sicuramente avrebbe fatto l'impossibile per aiutarmi.

Con i tempi così stretti non volli rischiare a delegare tutta la ricerca; avrei dovuto spiegargli il tutto, fargli fare la pre-selezione e, in un secondo tempo, scegliere tra la rosa dei suoi candidati.

Prima dell'omologazione della Spa e quindi col nome ISO feci pubblicare sul Corriere della Sera una ricerca del personale.

Uscirono due annunci che richiedevano personale per tutte le posizioni che mi era indispensabile coprire subito.

Io stesso avrei personalmente intervistato tutti i candidati che si fossero presentati, senza attendere alcuna pre-selezione.

Luglio 1987 – Corriere della Sera ricerca del personale

Le risposte non furono molto numerose rispetto a quanto accade oggi, forse per la vicinanza delle vacanze, forse perché erano altri tempi, comunque non fu una cosa semplice intervistare tutti e cinquanta i candidati che si erano presentati.

Iniziai i colloqui con la ferma volontà di riempire le 15 posizioni necessarie con contratti a tempo indeterminato entro il 31 luglio.

Con mia grande meraviglia le risposte provenivano al 90% da persone molto giovani, di età compresa tra i 20 ed i 30 anni e questo per me non fu affatto un limite, anzi intendevo costruire una'azienda completamente nuova e sulla falsa riga di quello che avevo visto nelle mie visite all'estero.

Avevo bisogno di un personale giovane, dinamico, pronto a seguirmi in un'avventura quasi impossibile, come una scalata dell'Everest; non volevo persone con pregiudizi o formazione tradizionale, motivo per cui mi guardai bene dall'attingere dal numeroso personale, anche validissimo, che avevo conosciuto nelle mie precedenti esperienze.

Tra i 50 candidati ne considerai papabili una quindicina e senza badare minimamente a quanto avevano scritto od a quale posizione aspiravano li distribuii nelle varie posizioni solo secondo il mio giudizio.

Chiaro che se era un giovane con diploma di ragioniere gli proponevo un posto in amministrazione, se lo vedevo spigliato e con abilità verbali gli proponevo un posto come venditore insite, se era un venticinquenne con esperienza di vendita gli proponevo un posto da venditore ... anzi, uno di questi, che mi sembrava molto bravo e con esperienza da agente di vendita, Giuseppe Corti, lo nominai capo venditori, nonostante la sua giovane età.

Credo di aver visto giusto: Corti, dopo la sua attività in Amstrad, mi risulta che abbia ricoperto con successo il ruolo di amministratore delegato per la Packard Bell Italia.

Il più anziano, di circa 35 anni (!), che non rientrava al momento in alcun ruolo, un certo Bruno Cassani, mi fece un'ottima impressione e mi dispiaceva rimandarlo ad una prossima selezione per altri ruoli che mi sarebbero stati necessari nel futuro.

Mi sembrava comunque estremamente desideroso di apprendere e dedicarsi ad un'attività pratica anche nuova per cui decisi di assumerlo per una funzione non urgentemente necessaria.

Lo scelsi come magazziniere alle dipendenze di quel Giannecchini già in forza come responsabile del traffico.

Bruno Cassani si comportò benissimo, apprese rapidamente quanto necessario e nei 3 anni di mia attività in Amstrad non ebbi mai da lamentarmi per quanto riguardava i magazzini.

Pensando ai vecchi criteri di scelta del personale, agli attuali assurdi metodi "para-scientifici" che si trovano in tanti libri e corsi che millantano il successo di strane psicologie nel valutare le persone, devo proprio dire che quell'esperienza e sotto quella pressione ero uscito dagli schemi.

Posso affermare con cognizione di causa che tutte, ma proprio tutte quelle persone del luglio 1987 contribuirono al successo dell'impresa con professionalità, dedizione ed inaspettato coraggio.

Aggiungo inoltre che tra i venditori assunti c'era un giovane di nome Giancarlo Manassi che risultò campione di vendite, raggiungendo in un anno 10 miliardi di lire e che, se l'avessi inquadrato secondo le consolidate regole del venditore "giacca e cravatta", non l'avrei scelto per quel ruolo ... che lezione di vita!

Il primo gruppo delle 15 persone Amstrad fotografato nell'Ottobre 1987

Cito qui in ordine alfabetico per cognome il primo gruppo di collaboratori:

Carlo Bigatti, Elisa Caleffi, Angelo Caronni, Bruno Cassani, Giuseppe Corti, Milena Di Giuseppe, Cazzaniga Emilio, Bernard Duport, Laudetta

Galante, Maria Rita Gerosa, Roberto Giannecchini, Stefano Graffigna, Severino Grandi, Sabrina Guerrato, Giancarlo Manassi, Giuseppe Pierro, Alessandro Pilone, Cristina Rigamonti, Filippo Viola.

Nel febbraio del 1988 fu ripresa una seconda foto del personale, foto destinata a corredare un rapporto finanziario della Plc pubblicato a Londra.

Questa foto mostra la forte crescita del personale che aumentava di pari passo col fatturato per coprie i nuovi ruoli che si rendevano necessari.

Foto dei dipendenti Amstrad. Nel febbraio 1988 erano diventati 29

Con la fine agosto 1987 avevamo tutte le carte in regola per lanciare il missile Amstrad. Tutti i ruoli erano ricoperti, in posizione di attacco, nella trincea della guerra di mercato, che avremmo presto affrontato ... ma accadde l'imprevedibile!

Allarme: tutto si ferma

L'imponderabile è sempre in agguato. Non si poteva partire il primo settembre ... esisteva un enorme rischio di essere bloccati dall'intervento della magistratura.

L'alt mi arrivò da Brentwood. Alan Sugar mi informò che non poteva rischiare di procedere per una clausola del contratto con il precedente distributore. Temeva che la GBC con la sua esclusiva potesse intentare qualche causa legale per danni.

Uscendo allo scoperto sul mercato, anche se la GBC aveva venduto ben poco, avremmo dato il fianco alla possibilità di intentarci una causa, bloccare le nostre vendite e chiederne i danni. Occorreva rivedere i tempi. Sono convinto che una persona normale, con un cuore normale, sarebbe morto d'infarto ed invece sono ancora qui a scrivere questo libro!

Conoscevo bene Jacopo Castelfranchi, il titolare della GBC e della casa editrice JCE.

Tra l'altro ero stato diverse volte a casa sua a Calco, vicino a Lecco, ed avevo utilizzato le sue riviste per le mie pubblicità.

Jacopo era sì una persona squisita, ma sicuramente anche un grande uomo di affari e fino a quel momento non aveva la più pallida idea che io stessi creando la filiale italiana della sua rappresentata Amstrad.

Tranquillizzai per il momento Brentwood, chiesi loro di non far nulla e soprattutto di non contattare la GBC: era meglio che mi lasciassero trattare la cosa direttamente con Castelfranchi, cosa che accettarono di buon grado.

Presi subito un appuntamento con Jacopo e mi recai da lui per sondare con circospezione la situazione della GBC, senza ancora lasciargli capire quanto tutta la mia operazione fosse pronta.

Dal primo colloquio capii subito come Castelfranchi fosse tutt'altro che felice del rapporto con Amstrad; la GBC aveva ancora quasi 5 miliardi di lire in prodotti Amstrad invenduti a magazzino; ecco i 5 miliardi di cui mi aveva parlato Alan in un primo colloquio. Non erano 5 miliardi venduti al mercato, ma solo venduti ai magazzini GBC!

Cominciavo a vedere la luce in fondo al tunnel, forse la soluzione era più semplice di quanto si potesse pensare.

Gli chiesi di farmi avere l'elenco dell'inventario di quei prodotti perché forse avrei potuto aiutarlo.

Ritengo che al momento abbia pensato che volessi farmi assumere da Amstrad, visto che sapeva che ero libero dalla mia azienda. Per la verità, dalle sue parole percepii che mi sconsigliava di lavorare per la società inglese.

Ricevuto l'inventario, notai che il valore si concentrava quasi completamente sul wordprocessor PCW8256, un prodotto sicuramente suggerito loro da Brentwood e che mai la rete GBC, specializzata in componentistica radio e TV, avrebbe potuto vendere.

Mi piaceva l'idea di poter mettere le mani su quel malloppo di prodotti Amstrad che avrei potuto vendere a partire dal primo settembre.

Non solo sarebbe stato un aiuto per la GBC, ma addirittura un grande vantaggio per la mia Spa ... con i tempi di produzione ed un mercato che tirava fortissimo negli altri Paesi, come potevo sperare di ricevere migliaia di quei prodotti e per di più italianizzati da vendersi in autunno?

Di nuovo mi dicevo; "Non bisogna disperare mai, da un guaio può nascere un vantaggio!".

Eravamo alla fine di luglio e con un agosto, mese morto per le attività in Italia, ma questo si rivelò un vantaggio perché Jacopo si dichiarò disponibile a discutere subito e personalmente la questione con me.

Verbalizzammo insieme una bozza di proposta che fui in grado di anticipare a Brentwood, con un fax datato 29 luglio, dal tono vittorioso e che comunque era solo preliminare ad uno scambio di documenti ufficiali.

29 Lug 1987 - MIO ANNUNCIO ACCORDO RAGGIUNTO CON GBC

verrà formalizzato in agosto

```
FAX MESSAGE  SHEET 1. OF 1.   FROM FAX TEL. 39-2-3314329 MILAN
FROM: ETTORE ACCENTI  DATE: July 29th,1987  *** FAX N. E54. ***
TO   : AMSTRAD PLC - FAX TEL. 0044-277-211350

FOR THE KIND ATTN. OF : M.MILLER
                  CC : STUDIO CARNELUTTI -78479

TOP PRIORITY    PLS DELIVER TO MR.MILLER IMMEDIATELY
THANKS          URGENT       URGENT        URGENT
--------------------------------------------------------

SUBJECT : GBC
-------------

FOLLOWING OUR TELECONVERSATION, HEREWITH A POSSIBLE
AGREEMENT.
KEY POINTS:

1) CONTEMPORANEOUS EXCHANGE WITHIN SEPTEMBER 15TH,1987
OF 24.552 SINCLAIR + 2 FOR 6587 OF PCW8256.

2) SINCLAIR SALES PROTECTION CLAUSE FOR GBC IN ITALY.

3) AMSTRAD COMMERCIAL COLLABORATION TO SELL ON THE MARKET
ALL THE PRODUCTS THAT GBC RETAIN.

IN EXCHANGE GBC MUST AGREE TO:

1) RENOUNCE TO ANY RIGHTS AND CLAIMS DERIVING FROM PREVIOUS
DESTRIBUTION AGREEMENT.

2) TRANSFER TO AMSTRAD SPA OF ALL EXISTING HOMOLOGATIONS,
COPYRIGHTS, ETC...(EXHIBITIONS SPACE, ADVERTISING SPACE
UNDERAGREED)

PLEASE NOTE THAT TO AVOID MAJOR LEGAL EXPOSURES, WE SHOULD
HAVE AN AGREEMENT WITH GBC BEFORE TO ADVERTISE NEW PRICES,
PRODUCTS, ETC. IN ITALY.

BEST REGARDS
[signature]
ETTORE ACCENTI
```

19 luglio 1987. Fax ad Amstrad Plc su accordo verbale con Castelfranchi

I documenti ufficiali, che formalizzarono quanto concordato tra Castelfranchi e me e dopo non poche rielaborazioni legali, furono firmati in agosto tra le varie società del gruppo Amstrad coinvolte in questa faccenda.

Per farla breve, con quel fax, informai Brentwood che avevo concluso un accordo con Jacopo Castelfranchi il quale sarebbe stato disposto a chiudere il contratto in cambio del fatto che Amstrad ricomprasse il suo invenduto. Amstrad poi lo avrebbe ripagato in termini ragionevoli.

Una curiosità: la GBC non restituì tutto quell'inventario, ma si volle trattenere i prodotti Sinclair, azienda acquistata dalla Amstrad l'anno precedente e che la GBC, pare, fosse in grado di vendere con profitto.

Concordato il tutto tra GBC e Brentwood proposi un incontro tra Alan Sugar e Jacopo Castelfranchi che si risolse in una cortese telefonata di saluti.

La formalizzazione dei documenti avvenne a metà di agosto. Il lancio del missile Amstrad, programmato per il primo settembre, non aveva più ostacoli e ... credo di aver quasi incendiato diverse Chiese per il numero di candele votive accese come ringraziamento.

A questo punto non posso fare a meno di ricordare la figura di Jacopo Castelfranchi, amico e grande figura che mi accompagnerà per tutto il mio periodo Amstrad.

Con lui e la sua società editrice Jce, attività che lui amava veramente, realizzammo la rivista Amstrad Magazine che tanta parte ebbe nel servire i rivenditori, i consumatori ed anche l'attività di marketing nel promuovere ogni nostro nuovo prodotto. Un sodalizio fantastico, ogni due mesi ci incontravamo per impostare la rivista e chiuderla prima della sua pubblicazione.

Mi piace menzionare quel ristorante tipico milanese che si trovava di fronte alla Jce e dove Jacopo mi invitava a gustare squisite cotolette alla milanese, durante l'intervallo per il pranzo.

Inoltre non mancavano simpatiche visite con tutta la famiglia alla sua bellissima villa di Calco con un ampio parco ed un piccolo zoo. I miei figli potevano scorazzare liberamente e si divertivano da matti.

Calco (Lecco). Con la mia famiglia in visita alla villa Castelfranchi

Avevo conosciuto Jacopo molti anni prima, quando ancora studente collaboravo con una sua rivista di elettronica hobbistica.

All'inizio del 1990, ultimo anno di mia collaborazione con Amstrad, la Jce indisse all'Hotel Michelangelo un incontro conviviale con molti personaggi italiani, artefici del mondo dell'elettronica e dell'informatica. Invitato con Eva Jacopo ci volle alla sua destra durante il pranzo.

Hotel Michelangelo. Jacopo Castelfranco in una manifestazione Jce nel 1990

In quell'occasione incontrai molte persone del settore: mi fu così possibile rivedere Umberto Paolucci di Microsoft con cui avremmo collaborato per operazioni di marketing congiunti come vedremo in un prossimo capitolo.

La Jce e lo stesso Jacopo mi furono di grande aiuto durante la mia nuova impresa Amstrad e tra i suoi collaboratori di allora ricordo Paolo Romani, Bozzoni e Benvenuti.

Prima di passare a descrivere il lancio del missile Amstrad desidero aprire una parentesi su come sfruttai l'esterofilia che alberga un po' in tutti noi italiani.

La Union Jack diventa la nostra bandiera

Leggendo la stampa inglese e soprattutto le notizie stampa che l'eccellente PR di Amstrad, Nick Hewer, provvedeva ad inviarmi regolarmente, avevo scoperto quanto il marchio Amstrad ed il nome del suo fondatore, Alan Sugar, fossero citati spesso e con toni di vera ammirazione.

Era quello il momento forse di massimo prestigio raggiunto in Inghilterra dall'azienda e non posso dimenticare la citazione in cui si affermava come Amstrad fosse la società col più alto profitto percentuale per una società quotata a Londra.

Quel profitto era dovuto in massima parte ai 500.000 wordprocessor venduti in un anno e che aveva provocato un'eccezionale crescita del valore delle azioni sul mercato azionario di Londra.

Di quelle notizie era giunto poco o nulla sulla nostra stampa italiana, ma immaginavo che i funzionari inglesi residenti in Italia ed appartenenti ai vari consolati ed alle ambasciate ne fossero certamente al corrente e orgogliosi.

Appena firmati i contratti con Amstrad ed avviate le pratiche per la registrazione della Spa, contattai il consolato inglese a Milano che si trovava di fronte alla Basilica di Sant'Ambrogio, proprio la chiesa in cui, molti anni prima, Eva ed io ci eravamo sposati e fatto ritenuto di buon augurio.

Trovai subito un'eccezionale personaggio, Giuseppe Caruso, un simpatico signore che ricopriva il compito di addetto ai rapporti commerciali.

Conobbi anche il Console Generale, Mr. Keith Morris. Da quel momento ogni anno avrei ricevuto l'invito per festeggiare il compleanno della Regina che, con mia meraviglia, non coincideva mai col vero giorno del compleanno.

L'apertura della Amstrad Plc non solo interessò subito quel consolato, ma mi furono offerte tutte le collaborazioni ed appoggi che avrebbero potuto darmi.

Tra l'altro visitai anche l'ambasciata a Roma ed in complesso appresi quanto in generale facevano per favorire l'importazione dei loro prodotti in Italia. La collaborazione durò per tutto il periodo della mia permanenza in Amstrad, poiché Caruso si era messo a disposizione e mi aiutò fattivamente.

Una delle decisioni che presi subito fu quella di realizzare gli stand per la mostra SIM e SMAU di settembre utilizzando decine di bandiere inglesi e le sagome di legno che rappresentavano i Beefeater (figure rappresentative dei guardiani delle Torri di Londra), e le guardie reali, tanto popolari in tutto il mondo. A questo proposito misi in contatto con il consolato Eva ed Enzo Maestroni per concordare tutti i dettagli in proposito e tenerne conto mentre progettavano gli stand.

Questa idea ebbe un grande successo e creò una vera curiosità in quelle mostre, quasi fossimo noi, ancora sconosciuti, nientemeno che stand dell'ambasciata britannica.

Il primo nostro stand al SIM del 3/9/87, sembrava proprio inglese

La Union Jack diventa la nostra bandiera

Ci fu un'altra occasione, più avanti nel tempo, in cui il consolato risolse un problema di organizzazione vendita e che anticipo qui.

Partita l'operazione, i funzionari di vendita che avevo selezionato ed assunto alla fine di luglio, non coprivano tutto il territorio nazionale e quindi, in una seconda fase, dovetti selezionare altri personaggi che provvedessero a seguire i numerosi rivenditori nelle aree scoperte.

Spesso mi facevo aiutare nella scelta dai consigli che mi davano i migliori rivenditori delle zone e tra i nomi che mi suggerivano poi sceglievo il candidato che mi sembrava più adatto.

Quando giunsi a dover selezionare il funzionario vendite per la Sicilia interpellai vari ed importanti punti di vendita dell'isola. Premetto che conoscevo molto bene la Sicilia perché, avendo una moglie di origine siciliana, erano anni che con i nostri figli passavamo le vacanze nella bellissima Taormina.

Avevo così avuto modo di conoscerne luoghi, usi e costumi ma non dal punto di vista del business.

Interpellando i migliori rivenditori di Catania e di Palermo accadde che mi venne chiaramente fatto capire che a Catania non avrebbero gradito un funzionario palermitano mentre a Palermo non avrebbero gradito un funzionario catanese ... il solito campanilismo italiano.

Cosa fare? Tenevo molto a sfatare le dicerie un po' nordiche secondo le quali sia difficile fare business in Sicilia. Dovevo trovare una soluzione e dimostrare il contrario, un'altra sfida che mi piaceva, ma che richiedeva uomini giusti in campo.

Intendiamoci, non stavo cercando agenti a provvigione, ma funzionari professionisti assunti a tempo indeterminato e con un buon stipendio che creassero il mercato secondo i nostri standard. Non potevo metterne due per l'isola!

Cosa c'entra qui il consolato inglese? Parlando con Giuseppe Caruso venni a sapere che in Sicilia avevano un giovane addetto commerciale inglese, appassionato di archeologia e dell'isola e che aveva inoltre sposato una siciliana.

Aggiunse anche che non gli sembrava soddisfatto del suo attuale compito e che avrei potuto contattarlo. E' chiaro che non potevo certo farmi sfuggire l'occasione; incontrai il giovane personaggio inglese che viveva in Sicilia. Concludemmo subito l'assunzione come "responsabile vendite per l'isola". Desidero solo aggiungere che mai scelta fu meglio azzeccata; parlava un simpatico italiano che era l'incrocio tra inglese e siciliano e mi risolveva l'antagonismo tra le due aree.

Richard Brown, così si chiamava, indubbiamente come inglese era neutrale e conosceva la Sicilia meglio di me. Compì un miracolo!

Visitare con lui i vari clienti era una gioia infinita; sempre accolti a braccia aperte, l'unico problema erano i numerosi caffè che non potevamo rifiutare ed i pantagruelici inviti a pranzo degli ospitali isolani che spesso accettavamo.

Palermo: Cusimano (rivenditore) e Richard Brown (venditore Amstrad)

Punto a suo grande merito: Amstrad Spa nel periodo della mia gestione e della sua collaborazione non ebbe in generale problemi sui crediti, mentre la classifica delle perdite sul credito davano come prime regioni la Lombardia e la Campania. E non è che l'isola comprasse poco; ricordo che i rivenditori, alcuni veramente bravi, acquistarono nel periodo più di 10 miliardi di lire.

SIM e SMAU: battesimo di mercato

Iniziarono le danze, il fatidico primo settembre arrivò, si può dire, pochi secondi dopo che nel razzo Amstrad Spa era stato avvitato l'ultimo bullone

Con Mauro Toscano della PT-Needham decidemmo di convocare una conferenza stampa presso lo stand per l'ultimo giorno della mostra.

Il 3 settembre si aprì alla Fiera di Milano il SIM e tutti noi ci schierammo nello stand G27, al padiglione 17, con un po' di trepidazione.

Durante i cinque giorni in cui la mostra rimase aperta, cercammo in ogni modo di cogliere le impressioni del pubblico, l'interesse dei rivenditori e rispondere alle numerose domande.

I curiosi e gli interessati che entrarono in quello stand, praticamente territorio inglese, furono centinaia.

Ci fu anche una graditissima visita inaspettata degli spagnoli con il loro capo José Luis Dominguez ed il suo direttore vendite Julio Alonso.

Nonostante i tempi ristrettissimi per preparare l'esibizione fummo in grado di distribuire a piene mani documentazione in italiano, biglietti da visita dei vari funzionari e distribuire moduli per richiedere di diventare nostri rivenditori autorizzati.

Da sinistra José Luis Dominguz, Julio Alonso, Bernard Duport

3 Set 1987 – SIM, eccomi con Eva, l'organizzatrice della Fiera

I venditori appresero sul posto informazioni sui prodotti, i prezzi ed entrarono in pista da subito con appuntamenti per il dopo Fiera.

Tutto il personale appena assunto e senza aver fatto alcun corso, fece una completa immersione nella realtà del nostro business e quelle giornate sono state per loro più efficaci di tanti corsi. Il missile era partito e nessuno avrebbe più potuto fermarlo!

Da parte suo Toscano riuscì a convogliare nel nostro stand alcuni giornalisti per una breve conferenza stampa. Tra questi si vede come primo sulla destra il giovane Marco Travaglio inviato da Il Giornale, un giornalista di La Repubblica ed un altro alla mia destra (quello alto e bianco) del Corriere della Sera, di cui non ricordo il nome, ma che fu colui che mi fece più domande, anche quelle un po' insidiose.

In quell'occasione annunciai l'arrivo in Italia dell'inglese Amstrad, descrissi brevemente gli obiettivi ed il target che avevamo, praticamente lo stesso della casa madre in Inghilterra, che consisteva in un attacco aggressivo al mercato con prezzi altamente competitivi e campagne pubblicitarie molto efficaci.

SIM, 5 Set 87 - Conferenza stampa presso nostro stand

Non pensavo certo che quella breve conferenza, in piedi ed al centro dello stand potesse aver creato un vero interesse nei giornalisti presenti.

Invece, con mia grande sorpresa, il giorno dopo aprendo il Corriere della Sera alla pagina dedicata al SIM lessi un titolo in tutta evidenza che diceva: "E' arrivato in Italia l'Aiazzone dei computer".

Lessi l'articolo e mi resi conto che era un breve resoconto di quanto avevo detto durante la conferenza.

Ancora oggi, mentre scrivo, non so se il giornalista avesse la volontà di ironizzare oppure no, comunque mi fece un grande favore.

Aiazzone in quel periodo era molto noto per la sua omonima azienda di mobili molto economici, fortemente reclamizzati in tutt'Italia sia via televisione sia via stampa e … credo proprio che molti lettori di quel giornale leggendo quell'articolo memorizzarono il nome Amstrad.

A questa prima esposizione al mercato vi parteciparono anche Malcolm Miller e Dick Hewer provenienti da Londra.

Ricordo che rimasero alquanto sorpresi di come la filiale italiana di Amstrad avesse rispettato quei tempi quasi impossibili e non parve loro vero di trovarsi in uno stand che sembrava più inglese dei loro organizzati in Inghilterra.

Praticamente solo dieci giorni dopo la chiusura del SIM e precisamente il 16 settembre, iniziava lo SMAU dove avevamo previsto un altro nostro stand, più grande del precedente, e dedicato solo ai computer sui quali puntavo molto per le nostre vendite.

Anche per lo SMAU giunsero personaggi Amstrad sia dall'Inghilterra, precisamente Malcolm Miller che aveva presenziato al SIM e sia dalla Spagna, José Luis Dominguez col suo direttore commerciale Julio Alonso provenienti da Madrid.

In questa seconda e più importante mostra ci eravamo organizzati meglio, avevamo il personale già ben più preparato, la pubblicità uscita sui quotidiani in concomitanza con la fiera ed una sala prenotata nel padiglione, sala Cerere, per una conferenza stampa con la sala piena di giornalisti.

Fu una bomba! Cominciavamo ad avere lo stand non solo pieno di curiosi ma, ben più importante, molti rivenditori provenienti da tutte le regioni d'Italia che, visitando quell'importante mostra e fermandosi al nostro stand, chiedevano informazioni tecniche e commerciali, ma soprattutto compilavano il modulo con la domanda per diventare rivenditori autorizzati.

La recentemente acquisita e giovane forza di vendita Amstrad trovava così, praticamente già dai primi giorni della loro attività, appuntamenti ed azioni in campo da effettuarsi senza perdere tempo in stucchevoli corsi o aggiornamenti.

Durante le due fiere avevano appreso tutto quello che c'era da conoscere: prodotti, tipo di clientela, politiche commerciali e soprattutto cos'era Amstrad, un mondo nuovo per loro ed io percepivo il loro entusiasmo.

Concordammo un breve sales meeting in sede subito dopo lo SMAU e poi via, fuori a raccogliere ordini!

La pagina pubblicitaria intera pubblicata sul Corriere della Sera, con in alto la parola "incredibile" e sotto i prodotti con i prezzi al pubblico, aveva creato un shock al mercato ... non si era mai vista una comunicazione di quel tipo nel nostro settore in Italia.

La corsa di vari media per accaparrarsi la nostra pubblicità fu immediata.

Cominciarono poi ad affluire i primi ordinativi che per fortuna riuscivamo prontamente ad evadere, grazie al magazzino GBC trasferito da noi e quindi a crearci un positivo cash flow.

Il miracolo si era compiuto ed ero riuscito a trasferire in Italia in tempi record la mentalità e la aggressività che quel genio di Alan Sugar aveva impostato nella sua Amstrad Plc.

Ebbi la prova del suo apprezzamento quando tempo dopo ricevetti il documento pubblicato in Inghilterra a chiusura del bilancio in cui in una pagina venivamo citati ed in cui era riportata la nostra immagine. Fu un onore per me essere inserito in quel documento, anche considerando che eravamo entrati nella famiglia Amstrad da meno di un anno.

1988 - Amstrad Plc financial Report, pagina sull'Italia

In questo documento si riporta che: "La società italiana ha iniziato le vendite il settembre 19987, sotto la direzione di Ettore Accenti, la cui carriera si è sviluppata nei computer e nei prodotti d'ufficio.

Con 40 collaboratori sta velocemente inserendosi nel mercato dell'elettronica di consumo italiana. La Amstrad Spa persegue la filosofia Amstrad con una aggressivo marketing".

Centro test domestico

Dalle mie visite in Spagna, Francia e UK avevo appreso: l'importanza della rivendita, l'aggressività della comunicazione verso l'utente finale, lo spingere i consumatori verso la rivendita, le promozioni continue e la scelta di prodotti facili da descrivere al pubblico.

Mi mancava però un'importante informazione: la reazione del pubblico consumatore in Italia dopo il loro acquisto. In altre parole non avevo elementi di giudizio che non fossero quelli che mi davano i miei collaboratori tecnici. Fare ricerche demoscopiche in Italia per rilevare cosa ne pensassero i consumatori sarebbe stato tempo perso e non tempestive e comunque Alan mi avrebbe sparato nelle gengive se avessi speso un penny per qualsiasi ricerca.

Inoltre a me serviva capire quale messaggio inserire nella pubblicità per colpire la mente dei consumatori prima che il messaggio fosse pubblicato.

Decisi allora di sfruttare l'ambiente di casa mia: all'ultimo piano di Corso Sempione, avevamo un ampio sottotetto che i miei quattro figli, dagli 8 ai 15 anni, utilizzavano con gli amici per giochi vari, compresi anche un Commodore 64, un PC Ibm ed un Sinclair Z80. Quale miglior pubblico di quello, sincero, diretto e criticone! Misi a loro disposizione un set di prodotti Amstrad e dicendo: "Giocate e ditemi se vi piacciono!".

Sapevo bene che tra loro ed i loro amici quello sarebbe stato il più esaustivo test di quelle povere macchine e sapevo anche che avrebbero criticato qualsiasi difetto avessero trovato.

Poiché in genere i regali, compresi quelli elettronici, a casa mia non duravano molto, ben presto avrei saputo in concreto cosa il più maldestro dei consumatori avrebbe potuto fare con i nostri prodotti. Avevo in casa uno delle più severe squadre di verifica sia dal punto di vista hardware sia dal punto di vista software.

Milano, panoramica della mansarda di casa adibita a centro test

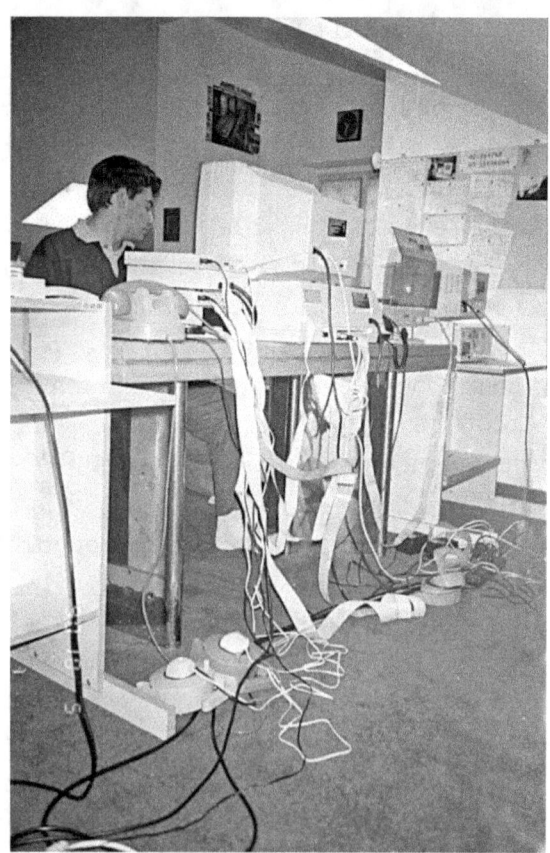

La massa di collegamenti pericolosi. Installai nelle vicinanze 2 estintori!

Inoltre, parlando e giocando con i loro compagni di scuola, che ovviamente disponevano solo di altri prodotti, ne sarebbero nate dispute del tipo: "Il mio PC è migliore del tuo, ma non vedi che quel programma fa schifo, ecc. ecc.".

Enrico prova il nuovo sistema audio fonico Amstrad

Edoardo alle prese col nuovo PC con cpu 386

Erano discorsi che in casa sentivo tutti i giorni e che ora mi diventavano utilissimi per comprendere certi aspetti dei prodotti dal punto di vista del consumatore.

Questo test gioco nacque alla fine del 1987, durò per tutto il periodo di mia permanenza in Amstrad e mi aiutò a salvare un'operazione di mercato molto importante che, senza un loro ironico commento, come vedremo in un futuro capitolo, avrebbe finito coll'essere un disastro.

Credo che in quel centro divertimenti, che per me era un centro qualificazione prodotto, io abbia visto l'alternarsi di non meno di cento ragazzi e penso proprio che i loro commenti sull'uso dei prodotti Amstrad fossero non solo sinceri, ma anche azzeccati.

Anche altri importanti personaggi che conoscevamo e ci frequentavano venivano coinvolti in questi strani test: discutevano sapientemente con i miei figli su questioni tecnologiche e di mercato come il confronto tra prodotti. "Il mio è migliore del tuo" oppure "certo che il Commodore va meglio per i giochi" erano conversazioni all'ordine del giorno.

Roberto Albanesi, ex AD della HP, che discute con mio figlio Edoardo

Ne tenni largamente conto sia nella pubblicità e sia nel parlare con i miei tecnici che pensavano che fossi un mago nel conoscere così bene tutti i pregi ed i difetti dei nostri prodotti.

Quel centro casalingo crebbe nel tempo con l'allargarsi della gamma di prodotti fino a diventare anche una delle prime BBS nazionali, infatti i figli furbastri non si accontentavano di provare e giocare con tutto quel ben di Dio, ma presto attaccarono modem a destra ed a sinistra, cominciando una specie di pre-internet, collegandosi con tutto il mondo e scambiandosi ogni genere di informazioni anche tecniche.

L'unico problema ad un certo punto diventò la bolletta telefonica ed il fatto che praticamente mi era diventato impossibile telefonare a casa.

Fui costretto a dotarli di un paio di linee telefoniche dedicate a loro, sperando che lasciassero libera la linea di casa e quella del mio fax, ma con mio grande disappunto occupavano spesso anche quelle due linee telefoniche.

Diciamo che, partito con l'idea di far giocare tutti quei ragazzi con i prodotti Amstrad per cavarne fuori commenti e suggerimenti, in realtà avevo dato origine a dei veri mostri che anche dopo la mia partenza da Amstrad avevano trasformato la casa in un proprio centro comunicazioni ed addirittura in una piccola attività remunerativa di nome Digibank.

Emanuele ed Edoardo con la loro BBS pubblicizzata su Amstrad Magazine

In quel periodo ero in viaggio per metà del mio tempo e non sempre in posti tranquilli: Africa, Medio Oriente, Manila, Taiwan, ecc.per essere certo di poter comunicare sempre con mia moglie feci installare in cucina un'ulteriore linea telefonica con un apparecchio rosso con l'ASSOLUTO divieto per tutti di usare quel telefono. SOLO io potevo usarlo per le mie mie chiamate dall'estero ... un po' come la linea rossa tra Cremlino e Casa Bianca.

A questo proposito non posso dimenticare un episodio che nulla ha a che fare con la mia attività Amstrad, ma che qui cito perché inerente con questo centro domestico, completamente nelle mani dei quattro masnadieri.

Me ne accadde una nel 1991 per la quale sono arrabbiato ancora oggi! Mentre ero a Taipei in un viaggio di lavoro per la Memorex-Telex, la mia assistente, Barbara Haug, che gestiva tutti i miei viaggi, mi chiamò dalla Svizzera per informarmi che era scoppiata una grana con un nostro distributore in Sudafrica e che per questo era opportuno che lo chiamassi immediatamente per farmi spiegare cosa fosse successo.

Chiamai il presidente della società a Johannesburg e scoprii che non era arrabbiato ... era infuriato e deciso a crearci un bel po' di problemi.

Mi spiegò che un mio funzionario da Londra, per motivi a me non chiari al momento, aveva appena nominato un altro distributore in Sudafrica senza tener conto del contratto esclusivo che proprio io, come vicepresidente per la distribuzione mondiale, avevo firmato col mio interlocutore.
Il problema non era solo l'eventuale perdita di business, ma il fatto che si risapesse che un'importante e rispettata multinazionale come la Memorex-Telex fosse venuta meno ad un contratto.

Si sarebbe rimbalzato in tutto il globo tra i vari distributori che erano in contatto fra di loro. Questo presidente si aspettava immediatamente una mia personale visita per risolvere il problema.

1992. Visita a Mr. Sidney Huang nell'ufficio Memorex-Telex di Taipei

Proposi di accordarci per un appuntamento entro il mese in corso e che lo avrei richiamato appena ritornato in sede a Lugano. Mi fermò subito e mi chiese di raggiungerlo al più presto perché, se il nuovo nominato avesse iniziato qualsiasi azione commerciale, azione che riteneva imminente, la questione sarebbe diventata irreversibile ... era questione di qualche giorno!

Ci pensai un attimo e poi, un po' come mio costume, accettai e dissi: "Mi informo sui voli che ci sono da Taipei per Johannesburg e la richiamerò". Telefonai quindi a Barbara a Lugano e le chiesi di studiarmi un piano di volo per raggiungere Johannesburg da Taipei.

Dopo un'ora circa mi richiamò, informandomi che era molto complicato e che comunque era riuscita a prenotarmi un volo in stand-by per la mattina dopo da Taipei a Zurigo e da lì, con un secondo lunghissimo volo, da Zurigo a Johannesburg, quasi in coincidenza: qualcosa come 48 ore di viaggio.

La ringraziai e subito dopo chiamai la linea rossa per informare mia moglie, come d'abitudine, di non aspettarmi per il giorno previsto e per darle il mio nuovo piano di volo.

Avevamo concordato, anche per sua tranquillità, che l'avrei chiamata sempre per ogni mio spostamento affinché sapesse che ero, oltre che vivo, anche in buona salute.

Voi non ci crederete! La linea rossa era occupata, la linea normale di casa era occupata, le altre linee di cui disponevano i miei figli erano occupate.

Avrò provato tutti i numeri continuamente per diversi minuti, ma niente, tutte le linee erano sempre occupate.

Per me era quasi mezzanotte e avrei dovuto ripartire la mattina dopo, quando in Italia sarebbe stata notte.

Non sapevo cosa fare, se salivo sull'aereo non avrei potuto comunicare per altre 24-48 ore lasciando Eva in ansia senza notizie.

Ad un certo punto mi venne un'idea. Nello studio in casa avevo anche un fax collegato ad una propria linea, pensai: "Vuoi vedere che quei masnadieri non mi hanno ancora staccato il fax?"

Mi precipitai alla reception dell'hotel e scrissi a caratteri cubitali su un foglio bianco con pennarello a punta spessa, stile Alan Sugar: "Liberate immediatamente la linea rossa!", seguito da una serie di grossi punti esclamativi.

Il fax portatile nel mio studio di casa ... che mi ha salvato!

Spedito il fax corsi in camera, feci il numero della linea rossa e ... finalmente rispose Eva a cui comunicai tutti i miei nuovi spostamenti.

Le dissi che ero molto arrabbiato anche con lei, perché aveva concesso ai quattro di usare la linea rossa.

Lei mi rispose che quei furbastri, avendo bisogno di una linea in più per quello che stavano facendo, se ne erano impadroniti nascostamente.

Non ricordo cosa risposi, ma certamente dovevo essere leggermente alterato.

Voi penserete che la storia sia finita, tutto bene, e che me ne sia andato a dormire. No, il peggio doveva ancora arrivare.

Mi ero già infilato sotto le coperte che mi richiamò Barbara per dirmi che purtroppo il piano di volo era saltato perché le avevano comunicato che il volo in stand-by Taipei-Zurigo non sarebbe stato disponibile. Perciò aveva dovuto cambiare completamente il piano di quel viaggio.
E qui accadde l'incredibile, l'irripetibile, un fatto che mi fa ancora arrabbiare oggi ripensandoci.

Chiamai la linea rossa per comunicare i cambiamenti a Eva e ... la linea era ancora occupata! Sissignori, i despoti di casa, insieme ai loro amici, non solo si erano impadroniti di tutta la casa, ma noi genitori non avevamo più neanche uno straccio di linea telefonica da poter utilizzare per questioni urgenti.

Mi rivestii e rifeci il circuito: fax, invio, corsa in camera e telefono libero. Ormai per me era diventata notte inoltrata e non ricordo gli improperi che uscivano dalla mia bocca.

Ricordo solo la mia ferma volontà che una volta tornato, avrei tagliato tutti i fili del telefono con un tronchesino, annullato paghe e paghette, regalato tutti i computer a qualche ente benefico e trasformato la loro soffitta in una sala da pranzo per me. Tutto questo non avrebbe escluso eventuali punizioni corporali ...

Ma i quattro furono fortunati, perché il mio ritardo nel ritornare a casa non fu solo di alcuni giorni e quindi la mia rabbia "omicida" finì con lo sbollire.

Sbarcato a Johannesburg con gli occhi fuori dalla orbite e stanco come non mai per quei due lunghi voli consecutivi, trovai ad aspettarmi una lussuosa berlina con un autista che teneva bene in vista un grande cartello col mio nome.

Salii in macchina e mi portò dal suo grande capo, il quale mi accolse con estrema cortesia e che mi comunicò subito con altrettanta gentilezza che ero suo graditissimo ospite: "Fino a che gli avessi risolto il problema!".

Praticamente ero in ostaggio. Non mi dilungo in questa avventura, ma per risolvere questa situazione, molto complicata, rimasi a Johannesburg oltre una settimana.

L'unico lato positivo furono gli squisiti pranzi a cene e la degustazione di coccodrillo affumicato.

Alla fine fui congedato e sempre cortesemente riportato all'aeroporto per tornare a casa.

Giunto nella non tanto tranquilla dolce dimora, un po' scosso e molto stanco, non ebbi la forza di attuare quanto mi ero ripromesso ed i quattro fortunati se la cavarono ancora una volta con un'inutile sgridata.

Riprendiamo il nostro escursus storico con l'Amstrad Spa.

Primo errore di pianificazione

Fine 1987, eravamo nel vivo dell'impetuoso e travolgente fiume che si chiama "mercato". L'organizzazione funzionava meravigliosamente, il personale remava come mai avevo visto prima, l'interesse dei rivenditori e, ancora più importante, quello dei consumatori era palpabile, tutto bene, ma ora dovevo pianificare cosa e quanto acquistare per le vendite future.

Commisi subito il primo macroscopico errore. Provenivo dal mondo tecnologico, dal mercato dei computer, dei sistemi professionali ed il mio sogno era quello di vendere subito montagne di wordprocessor e di PC di cui avevo il magazzino pieno dopo l'acquisto dalla GBC.

Davo pochissima importanza al mercato consumer, quello delle TV, dei videoregistratori e degli Hi-Fi e quindi trascurai totalmente di valutarne l'impatto nella mia nuova azienda e soprattutto l'effetto della pubblicità.

Ricordo di averne ordinato e con timore un certo quantitativo a Brentwood, quantitativo che già mi sembrava un alto rischio e invece ...

Nella pubblicità uscita sui quotidiani tra gli altri erano citati due apparecchi Hi-Fi: MS-45 e TS-45, del primo calcolammo il prezzo al pubblico a 249.000 lire ed il secondo a 299.000. Quei prezzi comprendevano un margine del 21% destinato ai rivenditori.

Dal punto di vista elettronico i due apparecchi erano identici, l'unica differenza era che il TS-45 non era altro che l'MS-45 inserito in un mobiletto spartano, che solo gli inglesi potevano concepire.

Pensavo anche a mia moglie che, da brava arredatrice, non mi avrebbe mai permesso di collocare quel mobiletto in casa. Il mercato avrebbe fatto la stessa scelta sicuramente!

Per quel mio primo ordine valutai infatti che le vendite si sarebbero concentrate sul modello più economico.

Ordinai così un TS-45 ogni 3 MS-45, certo che fosse l'opzione giusta per un totale di 1.000 pezzi.

La quantità mi sembrava rischiosa, ma con un po' di pressione sulle vendite l'avremmo smaltita per il periodo natalizio.

Provocai invece un disastro, rimediato solo dalle grandi capacità dell'Amstrad inglese.

Senza saperlo avevo scatenato una rivoluzione nel mercato degli Hi-Fi: la grande rete di rivendita Singer/EHP con i suoi 500 punti in tutta Italia, cominciò subito a macinare proprio quei prodotti e molto meno i prodotti dell'area computer su cui puntavo.

Presto mi fecero fuori l'intera quantità che avevo ordinato e continuavano ad ordinarne per il periodo natalizio.

La pubblicità sui quotidiani con il riferimento della loro rete per acquistarli ed il prezzo al pubblico molto competitivo rispetto a quelli offerti da marchi noti come Sony e Philips scatenarono un forte afflusso di pubblico in tutta la rete Singer.

Ricordo le telefonate felici del Dr. Nigro per il successo e quelle della sua segretaria Tina Melana che praticamente ogni giorno aumentava le sue prenotazioni per le vendite.

A quel punto si erano risvegliate anche le altre reti di rivendita e se ricordo bene persino la Expert, torto collo, venne a Canossa per avere quei prodotti.

Per non parlare dei giovani venditori Amstrad buttati allo sbaraglio a visitare piccoli e grandi rivenditori di cui l'Italia era piena; tornavano tutti con prenotazioni per quei fortunati Hi-Fi.

Nella mia esperienza precedente ero abituato a pianificare l'acquisto di sistemi elettronici con mesi di anticipo. Avevo trattato Apple II della Apple Computer dal 1980 e poi i PC IBM dal 1984 e quindi ricordavo bene le difficoltà nel far rispettare le date di consegna da parte dei fabbricanti.

Ricordavo anche quanto era successo in Italia a cavallo del 1984 quando Commodore uscì col famoso home computer Commodore 64 ed una azzeccata pubblicità da parte della già citata agenzia di pubblicità Ethos, che ne fece esplodere la domanda prima di Natale, con rivenditori infuriati sotto le sedi dei distributori Melchioni e GBC a causa della loro difficoltà nel soddisfare la domanda.

Di notte sognavo il Dr. Nigro con i suoi 500 negozianti, più gli altri, in fila in via Riccione, sotto le finestre dei nostri uffici ad ululare per ottenere le evasioni di ciò che avevano richiesto e che a quel punto non avevo previsto.

Nelle mie visite alle varie sedi Amstrad avevo visto ed imparato molte cose, ma questa delle consegne non l'avevo proprio verificata.

Diciamo che organizzato tutto, dal sistema informativo, al magazzino, ai venditori, ma il problema di evadere gli ordini per mancanza di prodotti non mi era minimamente passato per la testa.

Intanto gli ordini salivano a valanga e la fine di novembre si avvicinava sempre più, mentre discutevo al telefono sul da farsi sia con Malcolm sia con Alan che, devo dire, mi sembravano assolutamente non preoccupati di quello che stava succedendo in Italia, al contrario di me.

Presi quindi il coraggio a due mani ed ordinai a Brentwood un invio, con la massima urgenza, di 10.000 apparecchi con il nuovo rapporto tre Hi-Fi col mobiletto ed uno senza.

La fortuna aiuta gli audaci. Quei prodotti non venivano fabbricati in Estremo Oriente come pensavo, bensì in Inghilterra e quindi il magazzino centrale e la catena di produzione erano a portata di camion dalla mia sede in Milano.

E così non solo Brentwood mi confermò che avrebbero spedito l'intero quantitativo in tempo per le vendite natalizie, ma questo sarebbe avvenuto in pochi giorni ... non volevo credere alle mie orecchie!

Incredulo attesi gli eventi e successe quello che ho anticipato nel capitolo relativo al magazzino in Milano, con il traffico intasato da una lunga fila di TIR con a bordo tutti i miei Hi-Fi.

Preferisco non ricordare il momento in cui verificai come lo spazio riservato bastasse si e no per due o tre TIR ... comunque scaricammo.

In conclusione salvammo in pieno la campagna Natalizia; tutti i rivenditori ricevettero quanto avevano ordinato ed avevano anche incassato dai clienti finali, ci eravamo così guadagnati in breve tempo la simpatia di mezza Italia e grazie a quella gigantesca operazione ora nessuno avrebbe più potuto fermarci.

Le vendite poi non solo non finirono con la fine delle vacanze di Natale, ma continuarono anche dopo in un crescendo incredibile tanto che, come già anticipato, ne consegnammo oltre 100.000 alla rivendita in circa 20 mesi.

Mi tolsi poi una curiosità personale: non capivo come avesse tanto successo l'Hi-Fi più costoso con quel modestissimo mobiletto nero di truciolato pressato, che probabilmente a Brentwood non sarà costato più di qualche sterlina e così cominciai ad analizzare quale ne era l'utilizzatore tipo.

Una spiegazione la trovai andando a visitare una zona veneta di Treviso, dove i miei avi possedevano una vecchia cascina e dove io da piccolo passavo parte delle mie vacanze estive.

Scoprii che persino da quelle parti molti amici di infanzia e contadini avevano in casa, in bella vista, proprio l'Hi-Fi Amstrad inserito in quel "gradevole" mobiletto nero: l'avevano acquistato da un piccolo rivenditore non molto lontano, per lo più dove vendevano l'occorrente per cucire a macchina.

Quindi ipotizzai che noi non avessimo portato via il mercato a Sony, Philips ecc., o meglio, forse glielo avevamo intaccato un po', ma con la politica comunicativa Amstrad ed il prezzo chiaramente visibile, avevamo indotto moltissimi che ritenevano un Hi-Fi un prodotto inavvicinabile, addirittura più costoso di un apparecchio TV, a comprarlo e questo, con nostra grande soddisfazione, non era stato un boom natalizio ma, al contrario le vendite continuarono costanti per tutto il periodo seguente.

Era chiaro il perché del maggior successo della versione con mobiletto; il mobiletto in quelle case risolveva in modo economico il problema di dove appoggiare l' Hi-Fi ed inoltre c'era all'interno lo spazio per contenere i dischi in vinile ed i CD. Non c'erano le esigenze dell'arredamento di un cittadino milanese come me!

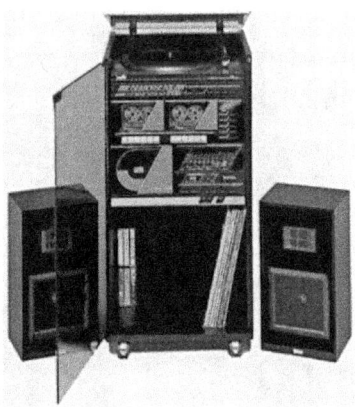

Hi-Fi col mobiletto che ebbe tanto successo nelle vendite

Grande lezione di realtà e capii quanto avesse ragione Alan Sugar quando mi disse "lascia perdere le inutili ricerche di mercato!".

Ne ebbi anche una micro verifica personale in casa mia, che era veramente una piazza d'armi con i 4 figli dai 6 ai 14 anni che me ne combinavano di tutti i colori.

In mia assenza, utilizzavano un mio costosissimo impianto Hi-Fi con grandi casse Bose per ascoltare le loro musiche.

Per allontanarli dal mio impianto, che avrebbero sicuramente distrutto prima o poi, quel Natale regalai ai due grandi un MS-45 a ciascuno ed oltre a farli felicissimi, mi liberai dalla certezza di perdere presto un impianto che valeva decine di MS-45.

Mi chiesi: chissà quante famiglie con figli teenager avranno acquistato l'Amstrad come secondo apparecchio, magari da collocare nella loro cameretta.

Piccolo dettaglio: molti di quei 10.000 apparecchi ci giunsero con le istruzioni in spagnolo. Nessun vero problema per l'utenza in quanto la manualistica spagnola era comprensibile per un italiano.

Comunque fu per noi semplice e rapido allegare un paio di fogli in lingua italiana.

Questo fatto mi fece capire che, per servirci rapidamente, probabilmente Brentwood aveva dirottato verso di noi prodotti destinati alla Spagna: grazie Alan!

Politica di super-vendita

Prima di passare agli eventi straordinari dei tre anni che mi videro a capo dell'Amstrad italiana e che iniziò con questi fuochi d'artificio, devo preliminarmente spiegare l'unicità della politica di mercato che adottai e che tenni rigidamente sotto controllo.

Il risultato che conseguii con questa politica fu di evitare uno dei problemi più pericolosi sul mercato della rivendita e cioè la cannibalizzazione del margine dei rivenditori per la concorrenza tra di loro.

In altre parole quel 21% di margine che stabilimmo per loro fin dall'inizio riuscirono a conservarlo nei tre anni di mia gestione e quindi a rimanere fidelizzati per la vendita dei nostri prodotti.

Mi era ben noto che la competizione nel mercato della rivendita non era tanto tra i diversi marchi, ma principalmente tra i rivenditori dello stesso marchio.

Ad esempio IBM per i suoi PC dava ai rivenditori un margine che si avvicinava al 40% sul prezzo di vendita suggerito.

Ma era un margine fittizio, la concorrenza tra punti di vendita ben presto portava il prezzo reale di "strada", come si diceva, ben più basso del prezzo suggerito fino a margini per i rivenditori che non superavano il 10%.

La stessa cosa si verificava per gli altri marchi importanti, sia del "grigio" sia del "bianco", dove quei termini si riferivano rispettivamente al mercato dell'elettronica (TV, radio, Hi Fi, PC, ecc.) ed al mercato degli elettrodomestici (frigoriferi, lavatrici ecc.).

Quel fenomeno, che toglieva risorse fondamentali ai canali di vendita, era provocato dalla pressione da parte dei fabbricanti perché le reti comprassero sempre di più e, fattore ancora più disastroso, gli sconti per quantità riservati ad alcuni canali in cambio di ordini massicci.

L'altra questione erano gli "invenduti": un rivenditore che avesse comprato più del necessario era costretto per ovvii motivi finanziari a vendere lo stock fermo anche al costo, spingendo così sempre più in basso il prezzo di strada.

Era un fenomeno ben noto e nessuno poteva o voleva farci nulla: i fabbricanti riempivano le reti di prodotti e poi le reti dovevano arrangiarsi.

Potendo decidere, partendo con una organizzazione nuova di zecca e sapendo che avrei usato una immane potenza di fuoco pubblicitaria, imposi alla forza di vendita, che non definivo più venditori ma ispettori di vendita, tre regole semplicissime:

1 - Nessuno sconto per quantità. Chi ordinava un pezzo o mille pagava per ogni pezzo la stessa cifra.
2 - Nessun rivenditore doveva ordinare più di quanto gli serviva per al massimo una o due settimane di vendita. Dovevamo evitare che in giro ci fossero stock di invenduto.
3 – Pagamento massimo 30 gg. fine mese entro il limite di credito rigidamente assegnato.

I venditori, o meglio i miei ispettori, dovevano fare in modo di qualificare i punti vendita, seguirli e controllare che questi tre punti fossero rispettati, in pratica diventavano "consulenti" dei punti di vendita.

Ovviamente la cosa può sembrare facile a chi non conosceva la situazione del mercato. Una miriade di sconti per quantità, premi al raggiungimento di certi fatturati, sconti fine anno prima della chiusura dei bilanci, tutte furberie che creavano la situazione che ho spiegato.

Naturalmente non è che quei tre punti fondamentali potessi imporli in forza dello Spirito Santo; a monte, come fornitore, dovevo creare le precondizioni perché tutto questo avvenisse e queste precondizioni erano quattro:

1 - I prodotti dovevano essere competitivi e questa era la caratteristica prima della filosofia Amstrad

2 - Dovevamo tenere il mercato in tensione, cioè non far mancare mai i prodotti alla rete di vendita, ma non spingere perché facessero magazzino

3 – Affinché la condizione 2 fosse accettabile dovevamo noi avere in magazzino quanto serviva ed essere in grado di rifornire i rivenditori velocemente: 1 o 2 giorni al nord e 3 o 4 giorni al sud e nelle isole.

4 – La domanda al consumatore finale doveva essere fortemente stimolata da noi con aggressive pubblicità utilizzando tutti i mezzi possibili: TV, quotidiani, settimanale e la nostra rivista Amstrad Magazine in edicola.

Ovviamente il tutto doveva rientrare nei parametri economici che la casa madre mi imponeva. Se volevo spendere una certa percentuale del piano di vendite per la pubblicità, dovevo pianificare una vendita che mi permettesse in valore assoluto la spesa necessaria per raggiungere i miei obiettivi.

In poche parole dovevo pianificare una rapida salita del fatturato ed infatti passai dai 20 miliardi dei 4 mesi del 1987, ai 90 del 1988, ai 120 del 1989 e ... il 1990 non lo finii perché come vedremo, a metà anno qualcuno voleva che spaccassi questo virtuoso ed oliato meccanismo (nota: i numeri qui riportati del fatturato si riferiscono all'anno fiscale italiano che coincideva con l'anno solare. L'anno fiscale inglese andava invece dal primo luglio al 30 giugno, per questo i miei numeri qui differiscono da quelli comunicati da Brentwood).

Il lettore un po' esperto di mercati mi chiederà come era possibile che le grandi catene con i loro consorzi per gli acquisti accettassero di pagare i prodotti Amstrad in grandi quantità, come il negozietto che ne comprava uno alla volta? Ed è una domanda corretta la cui risposta è che non l'accettavano per nulla!

Non immaginate le discussioni con le reti come Expert, Coeco ed i grandi rivenditori abituati a trattare sconti con Philips, IBM, Olivetti, Sony e sentirsi rispondere alla domanda: "Se ne compriamo 10 quanto ci fate?" e noi "il 21% di sconto" e "se ve ne ordiniamo 100?" rispondevamo "il 21%" e "se ve ne ordiniamo 1000?", la risposta non cambiava, "sempre il 21%" era la risposta e ... le vivaci rimostranze per il disappunto e le minacce di boicottarci i prodotti echeggiavano in tutti i nostri uffici.

Attenzione, questa fu una politica rigidamente italiana; come avevo accennato all'inizio del libro, negli altri Paesi si facevano contratti con grandi entità addirittura per intere produzioni e pianificati per un anno.

Nel caso Italia la cosa non era assolutamente possibile; il mercato per questi prodotti lo facevano una miriade di piccoli rivenditori e dovevamo difendere il loro guadagno.

Diversamente ci saremmo messi in mano a poche catene che comunque non avrebbero mai potuto permetterci la scalata a quei fatturati in breve tempo, anzi avrebbero favorito i loro vecchi fornitori ed utilizzato i nostri prodotti come civetta.

Inoltre conoscevo bene i vari giochi di premi e favori, anche personali, che intercorrevano tra le grandi organizzazioni di vendita ed i grandi fabbricanti tradizionali.

I nostri veri alleati in campo potevano essere solo i piccoli rivenditori o qualche catena come Singer, non ancora controllate in un modo o nell'altro dai nostri concorrenti.

Certo che questa politica comportò un'organizzazione molto accurata nel gestire il tutto, uomini in campo che capissero questa che sembrava una strana politica e che l'applicassero rigidamente senza pregiudizi. Ma ci riuscimmo alla grande!

E non solo perché questa politica era imposta e condivisa dalla nostra organizzazione commerciale, ma perché avevo anche introdotto un sistema personale di rigido ed istantaneo controllo dei prezzi in uscita dalla società, che controllavo ogni mattina.

Dal punto di vista manageriale il predisporre delle regole e poi non essere in grado di controllarne l'applicazione è una delle cose più pericolose che avevo imparato a non sottovalutare.

Come sia riuscito in questa difficile impresa e come avrei fatto, credo sia ancora un segreto per i miei collaboratori di allora e che ora posso rivelare.

Il controllo segreto: natura non facit saltus

Nel capitolo precedente abbiamo visto come il pilastro della nostra politica di vendita fu quello di eliminare totalmente gli sconti ed i premi per quantità, tanto in uso allora in tutto il mercato e, ritengo ancora oggi.

Lo scopo era fare in modo che non si creasse un prezzo di "strada" dei nostri prodotti inferiore al prezzo al pubblico pubblicizzato, riducendo la competizione tra i rivenditori stessi e mantenendo così il loro margine di guadagno ad un ragionevole livello deciso da noi.

Il funzionamento di questo meccanismo virtuoso richiedeva che fossi certo che il principio venisse rigorosamente applicato e che non vi fossero fughe in avanti di qualche venditore o comunque qualche sbagliata applicazione.

Naturalmente all'inizio il controllare da parte mia che non vi fossero trasgressioni era semplice: pretendevo di visionare tutte le fatture in uscita.

Ben presto la cosa divenne praticamente impossibile: il numero delle voci trattate cresceva rapidamente di molto ed anche il numero dei clienti aveva una progressione geometrica.

Inoltre era molto complicato e poco simpatico per la mia amministrazione, situata al piano superiore, che io salissi ogni giorno e chiedessi: "fatemi vedere tutte le fatture clienti di ieri!".

Dovevo trovare un modo di controllare il tutto in segreto e senza perdere troppo tempo, cioè volevo scoprire gli scostamenti dalle mie decisioni senza ricorrere alla consultazione dei documenti originali e senza creare un programma apposito la cosa possibile.

La Skemalog ci avrebbe impiegato almeno un mese per realizzarlo e di cui poi tutti in azienda ne avrebbero avuto conoscenza.

Per la testa mi ronzava un vecchio detto latino "natura non facit saltus", cioè che la natura nel suo svolgersi nel tempo non compie alcun genere di salto, detto che apparentemente può sembrare assolutamente fuori dal contesto, ma che mi fece venire un'idea.

In fondo non mi interessava controllare tutte le fatture, a me interessava solo vedere quelle in cui c'era un salto, cioè, detto in modo un po' più tecnico, quando si verificava una variazione inattesa.

Pensai come potevo raggiungere quello scopo senza informare l'amministrazione e trovai una soluzione semplicissima che adottai per tutto il periodo della mia gestione.

Tra i miei primi collaboratori avevo inserito come mia assistente Laudetta Galante, persona fidata, che avevo assunto in Amstrad dalla mia precedente azienda e che mi assisterà in modo meraviglioso per quei tre burrascosi anni.

Decisi di utilizzare le sue capacità e riservatezza per preparare un documento, incredibilmente semplice ma efficacissimo, che mi permetteva quel controllo con una semplice occhiata di pochi secondi.

Credo che la descrizione di questo "trucco" possa essere di interesse per qualche importante manager alle prese con le difficoltà di efficaci controlli.

Partiamo dal concetto "natura non facit saltus": se su una riga riporto ogni giorno il prezzo medio delle vendite del prodotto X di quel giorno, sia che ne sia stato venduto un pezzo o ne siano stati venduti mille ad uno oppure a mille clienti, quel numero doveva essere costante per tutti i giorni, ovvio no?

Facciamo ora un passo avanti: supponiamo che il prezzo imposto alla rivendita per l'HI-Fi MS-45 fosse 196.000 lire (il prezzo al pubblico di 249.000 lire meno il 21% del margine per la rivendita) allora per ogni giorno in quella riga deve apparire 196.000.

Estendiamo a più giorni il concetto e vediamo che succederà in quella riga in un mese: avremo una fila di 196 (togliendo i tre zeri non significativi).

Daily running sales report

Prodotto	Rif	03-gen	04-gen	05-gen	06-gen	07-gen	ecc.
MS-45	196	195	196	193	175	195	
X							
Y							
Z							

Con questo semplice rapporto controllavo giornalmente tutte le vendite

A colpo d'occhio quindi, se per esempio, vedevo una discontinuità nella riga del prodotto MS-45 in cui il 3 gennaio il prezzo medio era 195 (entro la tolleranza accettabile), il giorno seguente 196, e così via e poi il giorno 6 gennaio vedevo uno strano 175 ed il giorno seguente 195: allora doveva essere successo qualcosa di anomalo il giorno in cui la media era 175.

Chiaro che non potevo sapere quale fosse la causa dell'anomalia, ma a quel punto chiedevo a Laudetta di andare in amministrazione per farsi dare tutte le fatture emesse quel giorno e solo per il prodotto MS-45.

Così controllando quelle poche fatture potevo scoprire immediatamente l'anomalia che nella maggior parte dei casi era giustificata: c'era stato quel giorno un accredito necessario, un ritorno, ecc.

Qualche volta in questo modo scoprii anche qualche semplice errore di battitura e qualche volta, raramente, un prezzo concordato dal venditore al di fuori delle regole per cui intervenivo direttamente su chi lo aveva determinato.

Luadetta riportava le fatture in amministrazione e segnalava l'anomalia alla amministrazione.

So che in Amstrad si diceva che avessi una spia nell'amministrazione o che fossi dotato di poteri magici.

Nulla di tutto questo, ogni mattina la valida Laudetta compilava un colonna di quel semplice foglio elettronico riempiendo le caselline col prezzo medio letto sul monitor del Sistema 38 ed io, in pochi secondi, individuavo i "salti" del giorno prima.

Quindi avevo impostato la politica, spiegato il perché, accettata ed applicata al 99%, controllata al 100% e tutto si svolgeva in perfetta armonia ma, ed anche qui ci fu un ma, accadde l'imprevedibile che per poco non sconvolse tutta la politica commerciale descritta senza che il mio sistema potesse rilevarlo.

Brentwood impone un direttore commerciale

Come ho già descritto, tutta l'organizzazione era formata da giovanissimi; i venditori in campo erano cresciuti in numero, coprivano il mercato dalla Sicilia alla Valle d'Aosta ed avevo assegnato il compito di "capo venditori" a Giuseppe Corti e "capo marketing" a Lorenzo Rudella.

Uso qui il termine di capi e non i roboanti ed inutili titoli all'americana perché erano veramente i miei occhi verso il mercato e non perché avessero titoli sul biglietto da visita o curriculum di decenni di attività in quei ruoli: erano semplicemente bravi!

Ad un certo punto Brentwood mi fece capire che data la dimensione del business, non potevano accettare che quei giovani fossero sufficienti per la crescita prevista del business e praticamente mi imposero di ingaggiare una società di ricerca del personale per la selezione di un direttore commerciale con l'età e la storia professionale che loro ritenevano giusta.

In questa selezione mi avrebbe affiancato Malcolm Miller che per l'occasione venne in Italia per verificare i curriculum e partecipare alla selezione.

La ricerca fu rapida ed in un momento di crisi del mercato devo dire che la società di ricerca fece un ottimo lavoro e ci propose una rosa di candidati dai curriculum eccezionali, tutti con oltre 10 anni di esperienza reale come direttori commerciali nelle aree del grigio (elettronica) e del bianco (elettrodomestici).

Devo dire che Malcolm ed io concordammo subito su un nome proveniente dal mondo del "bianco", un mercato molto competitivo e difficile, che sicuramente avrebbe completato le nostre conoscenze delle reti commerciali.

L'assunzione fu subito conclusa e Roberto Kossuta in poco tempo fu a bordo di Amstrad Spa.

Se ricordo bene era sui 40 anni, decisamente competente, e da subito gli spiegai la filosofia della società e le nostre politiche; immediatamente si mise in campo.

Devo dire a sua discolpa che ero convinto che avesse capito Amstrad e le nostre politiche italiane, ma ben presto avrei verificato quanto fosse pericoloso il suo, in un certo senso involontario, voler applicare le tecniche commerciali che da anni il settore da cui proveniva utilizzava.

Nonostante qualche segnale di insoddisfazione da parte dei giovani collaboratori, la mia interpretazione era che fosse l'ovvio disagio verso un nuovo arrivo e quindi era mio compito proteggere e sostenere la scelta fatta, che era stata anche mia.

Ben presto però la totale conflittualità con lui si sarebbe esplicitata in campo.

Io avevo sotto controllo in tempo reale TUTTI i prezzi in uscita in un modo che inequivocabilmente avrebbe controllato in tal senso anche l'operato del nuovo acquisto, senza che lui lo sapesse.

Ad un certo punto fummo bombardati da reclami da parte dei nostri ormai numerosi amici rivenditori che, a loro dire, contrariamente alla nostra millanteria di prezzi uguali per tutti, c'erano grandi reti in Italia che vendevano a prezzi praticamente con margine zero.

Io ero certo del mio controllo per cui per un po' di tempo non diedi importanza ... i soliti brontoloni mai contenti! Fino a che anche i miei venditori mi confermarono che la rete Coeco stava vendendo praticamente al prezzo di costo.

Ricontrollai le loro fatture ed erano nella norma; mi domandai come facessero a vendere praticamente al costo e pensai: sta a vedere che usano i nostri prodotti, molto reclamizzati, come civetta per attirare clientela nei loro punti vendita per poi vendere altri prodotti, tecnica che mi era ben nota, ma che si può fare solo per pochi pezzi, non certo giocare in perdita per grandi quantitativi. C'era qualcosa di strano.

Feci quindi personalmente delle domande alla Coeco e cosa scoprii: era vero che vendevano al prezzo di costo e cominciavano a comprare molto perché il loro obiettivo era raggiungere il target di vendita che Amstrad, nella persona di Kossuta, aveva loro assegnato per iscritto, garantendo un premio del 10% sul fatturato al raggiungimento di quel target!

Per poco svenni: era la cosa peggiore che potesse capitarmi e non potevo certo rilevarla col mio super sistema di controllo.

Il pericolo era doppio; del 10% non mi preoccupavo certo, non faceva crollare i nostri profitti, ma questo significava che non era un'operazione civetta ma addirittura massiccia, dovevo fermarla subito se volevo che tutta la mia politica commerciale di successo non saltasse in aria!.

Vi fu un confronto, un pesante confronto, col mio nuovo direttore commerciale che aveva firmato una lettera col premio garantito al cliente senza il mio consenso e in quella discussione mi fece capire che quella era la normalissima politica di vendita che lui e tutti gli altri avevano applicato in Italia da anni; con quella tecnica ci aveva portato una rete che non aveva mai operato con Amstrad e dovevamo essere contenti.

Non voglio certo qui incolparlo più di tanto, in fondo non gli avevo esplicitamente ordinato di non applicare quanto la sua ventennale esperienza gli aveva insegnato!

Comunque la sua naturale incompatibilità mi portò a sciogliere il contratto in termini amichevoli ed a tornare alla precedente situazione con Corti e Rudella come "giovani capi" e con le menti non atrofizzate da storie precedenti. Tutto tornò a posto e il nostro mercato di fedeli rivenditori fu rassicurato.

Una poderosa campagna stampa

Nei primi mesi di attività la nostra comunicazione era solo verso la carta stampata, quotidiani, settimanali, riviste tecniche e poi, dopo qualche mese, sarebbe arrivata anche la saga delle TV private e pubbliche.

Per me una nuova esperienza ed un mondo totalmente sconosciuto che fin dall'inizio mi sciocco per la sua competitività ed aggressività ... quasi più di Amstrad, il che è tutto dire!

Dopo le prime uscite a pagina intera sul Corriere della Sera, la nostra società divenne praticamente assediata dai venditori di tutte le testate, anche quelle inimmaginabili.

Nel frattempo avevo lasciato la professionale "giacca e cravatta" di PT&Needham in favore della Opinione di Alberto Vitali, molto più flessibile e dalle idee vicine alle nostre e con lui cominciai ad impostare la campagna pubblicitaria approvata da Brentwood.

Vitali mi fece capire subito, basandosi sulla sua personale e lunga esperienza, che più dei contenuti, pur sempre importanti, sarebbe stata la quantità della comunicazione ad avere effetto. La sua storia con i successi con Commodore lo dimostravano ampiamente.

Quel suggerimento per me fu fulminante e gliene riporto profonda gratitudine.

In due parole capii che fare programmazioni, scegliere i giorni di uscita, perdere tempo a pubblicare capolavori d'arte era forse utile, ma totalmente secondario rispetto alla quantità di uscite ed alla rapidità di interpretarne l'efficacia con i risultati ottenuti. La traduzione economica di questo concetto era: massimo numero di uscite al minimo costo per unità.

Mi misi subito a lavorare in questo senso con l'aiuto di Lorenzo Rudella, con il quale gestimmo tutta questa operazione insieme, trattando direttamente i media dall'ufficio Amstrad di Milano ed in contatto quotidiano con Alberto Vitali.

Sostanzialmente decidevamo e compravamo noi gli spazi pubblicitari mettendo in concorrenza fra loro i vari media. Vitali provvedeva a seguirci con i giusti suggerimenti, a predisporre con tempistiche inusuali i vari documenti da pubblicare e gli spot TV che, frequenti, passavano su gli schermi TV di tante case.

Riuscimmo a sfruttare così tanto la competitività dei mezzi che la Nielsen, la società che misurava la spesa pubblicitaria basandosi sul rilevamento della pubblicità di ciascuna azienda e calcolandone il valore in base ai prezzi di listino , nel 1988 ci pose come primi nel nostro settore con una spesa a listino di 15,208 miliardi. La IBM risultava seconda con 9,555 miliardi e terza la Olivetti con 9,165 miliardi.

La nostra spesa reale quell'anno fu intorno ad un quinto di quella cifra, mentre probabilmente i nostri concorrenti avranno speso nella realtà intorno alla metà di quanto indicato dalla Nielsen.

In pratica avevamo raggiunto un moltiplicatore dell'effetto pubblicità rispetto la concorrenza di un fattore tra due e tre.

La domanda è: come abbiamo fatto? Anche qui semplice a dirsi ma non tanto semplice a farsi ed ora la spiegazione.

Scoprimmo subito che le agenzie di pubblicità della concorrenza indirizzavano i loro clienti a pianificare una buona parte del budget su due quotidiani nazionali: Corriere della Sera e La Repubblica.

Con questi quotidiani facevano contratti semestrali e annuali e spendevano così la maggior parte del budget destinato alla carta stampata.

Naturalmente c'erano anche settimanali, mensili ed altri periodici che noi avremmo utilizzato più avanti.

Con questi mezzi le agenzie pianificavano le uscite anche con molto anticipo, scegliendo i giorni più favorevoli, ad esempio il lunedì per la Gazzetta dello Sport, il sabato per il Corriere ecc., ecc.

Professionalmente corretto mi si dirà, ed era proprio quello che i media ci spingevano a fare proponendo sconti in cambio del piano tipo il 30% ed anche il 50% a secondo della quantità.

Con l'idea che a noi interessava la quantità e non il quando e dove, decidemmo di non pianificare un bel nulla ma di dare la pubblicità praticamente ogni giorno a chi giudicavamo conveniente quello stesso giorno, sicuramente questo modo di agire dovette essere risaputo da quel mondo perché, sia io che Rudella, avevamo visite in ufficio quotidianamente dai vari promotori di pubblicità.

Bastava per esempio che uscisse una nostra pagina su Panorama ed il giorno dopo arrivava l'Espresso, allo stesso modo quando usciva sul Corriere della Sera subito La Repubblica si faceva viva.

Non dico quante pagine siamo riusciti ad ottenere gratis come "test dei media"!

Naturalmente non è che di soldi ne spendessimo pochi per la pubblicità, in base al fatturato da noi uscivano centinaia di milioni al mese già dal 1988.

Ricordo il Dr. Enrico Ferrari e Giorgio Pepori della RCS, Paolo Casalini Gualtiero Rudella della Mondadori, , Paolo Rejna e Pancaldi della Jackson, Elena Rossi del Sole 24 ore, Manuel Spangaro della J. Soft, Paolo Romani e Francesca Marzotto della Jce, Marco Ciprandi della Manzoni, Gianfilippo Filippini e Mario Bianchi della Sipra e moltissimi altri con cui trattavamo ogni giorno.

Credo che Alberto Vitali in quel periodo sia stato vicino all'esaurimento nervoso, sì perché accadeva questo: arrivava in ufficio da noi, per esempio, il promotore del Gazzettino Veneto, quotidiano che facevamo finta di non conoscere, ed alla fine della conversazione, se lo giudicavamo utile come effettivamente era per al zona, chiedevamo una pagina di prova che poteva pubblicare quando voleva.

A quel punto il promotore, sempre ad esempio, telefonava in redazione e spesso chiudeva la conversazione dicendo "OK, per venerdì abbiamo un buco libero in ottava pagina, se per domani ci fate avere il film della pagina ve la pubblichiamo con uno sconto enorme" a volte addirittura riusciva ad ottenere che la direzione del suo giornale la pagina ce la concedesse gratis come prova.

Telefonavamo quindi a Vitali perché inviasse il giorno dopo al Gazzettino una qualsiasi pagina pronta a cui però doveva cambiare la lista dei punti vendita in fondo alla pagina inserendo i nomi dei rivenditori del Veneto che Rudella gli inviava per Fax.

Noi informavamo quindi subito i venditori della zona che a loro volta informavano i punti vendita di aspettarsi quella pubblicità per loro.

Fu un lavoro faticoso, veramente incredibile ed alla fine Rudella aveva un foglio elettronico con ben 50 quotidiani locali con i quali gestiva l'invio delle pagine, la comunicazione ai venditori e la gestione dei pagamenti della pubblicità ... era diventato anche un "media manager" interno.

Devo qui aggiungere che all'inizio di quei giornali ne conoscevamo si e no una decina e che fummo in grado di scoprirne tantissimi assolutamente ignoti con diffusione solo locale.

Passavano da noi per ottenere la pubblicità che i grandi marchi non davano a loro e posso assicurare che con una spesa modestissima, ma una gestione complicatissima, coprivamo tutta l'Italia con pubblicità capillare ed indirizzata specificamente ai rivenditori della zona.

Segue qualche esempio delle nostre pagine pubblicitarie.

INCREDIBILE

AMSTRAD MS 45. LA MUSICA NON STOP

Mai visto, mai sentito uno stereo così. È MS 45 AMSTRAD, l'impianto stereo incredibile ad un prezzo incredibile. Sintonizzatore stereo AM/FM, giradischi a doppia velocità, amplificatore con equalizzatore grafico, casse acustiche. E se questo non bastasse c'è ancora la doppia piastra a stupire le vostre orecchie, con la partenza automatica della seconda cassetta alla fine della prima. Per un ascolto continuo. Tutto all'incredibile prezzo di 249.000 IVA inclusa, oppure 299.000 IVA inclusa se lo preferite inserito in un bel mobile rack con casse a 2 vie (mod. TS46). Un eccezionale rapporto qualità-prezzo che caratterizza l'intera produzione Amstrad, frutto di una precisa filosofia aziendale: produrre apparecchiature elettroniche in grandi quantitativi per mantenere prezzi sempre estremamente accessibili ed ottenere una qualità superiore garantita in Italia da una solida struttura di 72 centri specializzati.

L. 249.000
IVA inclusa

L. 299.000
IVA inclusa

Pagina utilizzata nei settimanale nei mensili

Una poderosa campagna stampa 155

Con questa pagine promuovemmo la nuova serie di PC 286 e 386

Pagina per quotidiani nazionali con elenco dei rivenditori

Una poderosa campagna stampa

Affari Amstrad

OFFERTA SPECIALE SIM - SMAU '88

RISPARMIA IL 15%

ORA AMSTRAD È ANCORA PIÙ CONVENIENTE
Che Amstrad abbia un rapporto prezzo / prestazioni eccezionalmente favorevole è ormai cosa nota a tutti. Ma da oggi Amstrad è ancora più conveniente perchè - già compreso nel prezzo di alcuni suoi PC e sistemi di videoscrittura - puoi ottenere altri prodotti Amstrad per un valore pari al 15% di quanto acquistato.

SCEGLI QUI LA TUA COMBINAZIONE PREFERITA CON L'OPERAZIONE SIM-SMAU '88
Le **stampanti**. Qualità, affidabilità, praticità: queste alcune caratteristiche delle stampanti proposte.
- DMP 4000. 200 cps, 132 colonne, oltre 100 combinazioni di stili, NLQ, L. 649.000 (°).
- LQ 3500. 24 aghi, 160 cps, 80 colonne, L. 749.000 (°).

Il software senza paragoni.
Una vastissima libreria di programmi facili, in italiano e in inglese per i PC Amstrad e per la videoscrittura. A partire da L. 59.000 (°).

I corsi di autoistruzione su cassette audio. Per ottenere subito e facilmente il massimo da Amstrad. A partire da L. 24.900 (°).

Attenzione! Fai bene i tuoi calcoli, perchè se acquisti bene, il tuo 15% di risparmio può diventare molto, ma molto di più!

QUESTI SONO I FANTASTICI PRODOTTI DELL'OPERAZIONE SIM-SMAU '88
Il cui acquisto ti consente di risparmiare il 15% del loro valore nelle combinazioni su indicate.
PC 1512 - una grande famiglia per tutte le attività professionali.

PC 1640 - i potenti con incredibile definizione.
PPC - i portatili di maggior successo.
PCW - i sistemi di videoscrittura avanzati.

Attrettati però!
L'operazione SIM-SMAU '88 è valida solo dall'8/9/88 (primo giorno SIM) fino al 3/10/88 (ultimo giorno SMAU).

Chiedi al rivenditore autorizzato Amstrad più vicino i dettagli dell'operazione. Gli indirizzi li trovi su "Amstrad Magazine" in edicola. Oppure telefona allo 02/26410511.

AMSTRAD
DALLA PARTE DEL CONSUMATORE

(°) Più IVA.

Altra forma di pagina per quotidiani dedicata all'informatica

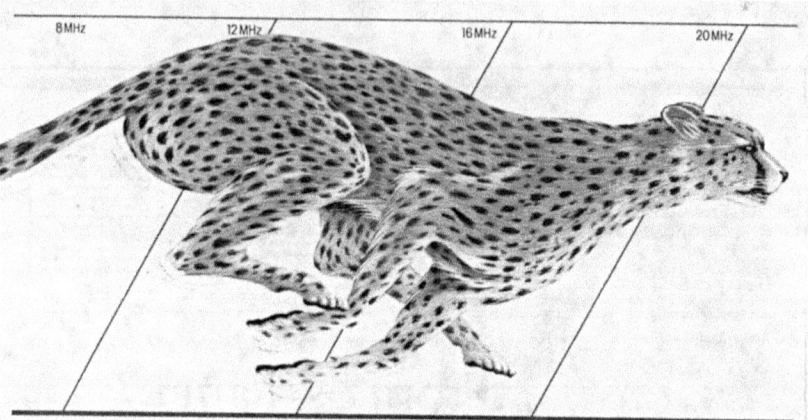

Per sottolineare l'elevata velocità del nostro PC 386

Una poderosa campagna stampa

Scoprimmo anche che le ricerche di mercato sui media non riportavano tutti i dati per quanto riguardava l'audience, infatti i quotidiani locali non erano praticamente valutati, ma scoprimmo con le nostre vendite che erano più letti di quanto immaginassimo e lo constatai attraverso i nostri 2.000 rivenditori distribuiti sul territorio nazionale.

Quando usciva una nostra pubblicità a pagina intera con in calce gli indirizzi dei rivenditori locali ne potevamo misurare subito la reazione dalle richieste che puntualmente ci arrivavano da quella zona il giorno dopo.

Anche giornali con tirature che ci sembravano ridicole, tipo 3-5.000, l'effetto vendite, proporzionalmente, era enormemente superiore ai giornali nazionali, che comunque utilizzavamo.

La nostra ipotesi fu che quei giornali esposti nei tanti piccoli bar ed osterie in paesi dove pochi compravano i giornali, la singola copia probabilmente veniva letta da decine di persone che poi andavano subito a vedere i prodotti, soprattutto gli Hi-Fi, nei negozi citati e situati nel paese o, comunque, nelle vicinanze.

Con i grandi quotidiani adottammo poi un'altra tecnica. Scoprimmo che questi quotidiani avevano tutti un problema alla sera quando dovevano chiudere il giornale per la stampa notturna.

Molto spesso dovevano rinunciare ad una pubblicità o perché un cliente non pagava o perché veniva sospesa la pagina o per altre ragioni. Per coprire quel buco avevano sempre pronte delle storie o documenti sostitutivi e perdevano dei soldi.

Per ottimizzare i costi decidemmo così di usare una tecnica che veniva detta "stand-by" ma che non veniva utilizzata dai grandi clienti per la complessità tecnica della gestione.

Mi spiego con l'esempio concordato col Corriere della Sera: se si verificava un buco imprevisto d'impaginazione, in qualche modo dovevano chiuderlo intorno alle ore 18.

L'accordo con noi era che intorno a quell'ora mi avrebbero telefonato e mi avrebbero proposto di coprire quel buco, ovunque fosse nell'impaginato, ad un prezzo speciale che discutevamo al momento ma che era sempre tra un terzo o un quarto del prezzo del listino, ed a volte anche meno.

La condizione era che consegnassimo il film per la pagina entro mezz'ora dall'accordo.

Quando questo accadeva e chiudevo l'accordo accettando l'offerta, spesso dopo una accesa trattativa, telefonavo a Vitali il cui ufficio si trovava in centro a Milano, e lui doveva mandare al Corriere in via Solferino quel film, via taxi.

A Milano era stato abbastanza semplice realizzare questo tipo di accordo con negoziazione istantanea, ma per quotidiani lontani non era possibile.

Per ottenere le migliori condizioni e con procedura simile, lasciavamo presso gli altri quotidiani un film con l'autorizzazione preventiva che avrebbero potuto pubblicarlo quando volevano al prezzo da concordarsi ogni volta con una telefonata.

Era una vera girandola di offerte, trattative in un Paese in cui tutto era molto suddiviso, giornali, rivenditori, persone e noi approfittammo alla grande di questa peculiarità trasformandola in un nostro enorme vantaggio ... ben sapendo che le grandi organizzazioni strutturate non avrebbero mai potuto seguirci su questa strada!

La pubblicità televisiva

Una particolare menzione merita la pubblicità televisiva con cui promuovemmo i nostri prodotti, argomento che non avevo mai affrontato nella mia vita lavorativa precedente e che dovetti imparare partendo da zero.

Sotto questo aspetto devo dire che Brentwood mi fu un maestro formidabile e di grande aiuto nella creatività, che poi con Albero Vitali trasformammo per il pubblico italiano.

Avevo raccolto in videocassette la pubblicità Amstrad apparsa in UK ed avevo anche visitato la loro agenzia che preparava quegli spot per TV originali, aggressivi ed essenziali.

Mi aveva colpito uno spot apparso l'anno prima del mio arrivo in Amstrad con il quale Alan Sugar riuscì a vendere 500.000 wordprocessor aumentando il fatturato della sua società dai 150 milioni di sterline del 1985 ai 300 milioni del 1986, un vero record mondiale.

In quello spot di 30 secondi si vedeva un signore che lanciava dalla finestra una macchina da scrivere che a terra finiva in una grande pattumiera, poi la persona si sedeva alla scrivania per scrivere sulla tastiera di un wordprocessor Amstrad. Nello stesso spot appariva molto evidente il prezzo che risultava competitivo con le macchine da scrivere elettriche.

Chi avrebbe potuto resistere davanti ad una scena del genere? Quanti tra coloro che stavano per acquistare una macchina da scrivere, dopo quello spot sarebbero corsi a comprare un wordprocessor Amstrad?

Magistrale, efficace, diretta, semplice, erano gli aggettivi che mi venivano in mente e brava Amstrad!

Vitali capì immediatamente lo spirito Amstrad e ciò che mi serviva, d'altra parte aveva curato la grande campagna Commodore del 1984.

Quindi formammo un duo perfetto per tutto il periodo della mia attività in Amstrad: io pensavo all'organizzazione ed ai prodotti, lui ad inventare jingle, messaggi ed a trasformare per l'Italia quanto di buono faceva l'Inghilterra.

Per la pubblicazione dei nostri spot usavamo praticamente tutti i principali canali con metodo simile a quanto visto per i quotidiani.

Vitali mi aveva consigliato: "Cerca la quantità e lascia perdere la programmazione", così preparavamo gli spot, che uscivano su un canale e subito dopo ci piombavano addosso i canali concorrenti che sfruttavamo in tutti i modi possibili per ottenere spot di prova, stand-by e quotazioni basse.

Uscivamo su canali Rai, sui canali Fininvest, su Odeon e spesso su strane TV private che non conoscevamo e che ci visitavano per strapparci qualche spot.

Devo dire che non immaginavo ci fosse tanta concorrenza tra i vari canali al cui confronto la concorrenza nel nostro settore era una danza tra signorine della bella società.

La più assidua era Publitalia/Fininvest con il sig. Gianfranco Riccio che ci seguiva e si precipitava da noi appena usciva un nostro spot sulla Rai.

Ricordo anche il simpatico Spadaccini e Aliprandi di Odeon, Cesare Migliavacca della Rai/Sipra, tutti pronti a consigliarci come, quando e dove trasmettere i nostri spot per spendere il meno possibile.

Ricordo una volta nel 1989, verso la fine dell'anno, quando ormai avevo esaurito completamente il budget di spesa per quell'anno, che l'inesorabile venditore Gianfranco Riccio della

Fininvest venne da me cercando ulteriore pubblicità. Gli comunicai che purtroppo non avevo più spazio per quelle spese e Riccio che mi tirò fuori una proposta che non potei rifiutare.

Mi disse: "Avrete pure un prodotto che non vende molto e che volete comunque spingere!", gli risposi: "Certo, e più di uno, ma non posso spendere un centesimo di più".

A quel punto mi sorprese con quella che chiamò, se ben ricordo, "un'offerta a rischio". "Ma che roba è?" e chiesi con una certa titubanza.

"Semplice", lui mi rispose," noi facciamo la pubblicità, concordiamo una commissione come fossimo un agente e voi ci pagate la commissione sul venduto". Per un attimo pensai che stesse scherzando, e poi come avrebbe potuto controllare quanto avremmo venduto.

Certo che avrei accettato subito la cosa per il nostro home computer CPC che avrebbe meritato un po' di promozione e che fino a quel momento avevamo trascurato.

Per cui lo sfidai e risposi: "Per la verità un prodotto l'avremmo e si tratta di un home computer, ma non intendo certo avere enti esterni che ci fanno l'auditing sulle nostre vendite". Mi rispose: "Nessun auditing, lei è una persona rispettata e ci fidiamo della sua parola".

Dire che rimasi di stucco è poco e naturalmente accettai la sua proposta che tra l'altro dal punto di vista fatturazione sarebbe andata a finire al prossimo budget.

Vendemmo così un buon numero di CPC che non avevamo pianificato e lo comunicai naturalmente al bravo ed audace sig. Riccio.

Vediamo qui di seguito gli spot di allora utilizzando alcuni frame degli spot stessi:

Incredibile avventura marketing

Promozione degli home computer CPC

Promozione di PC con stampante in omaggio

Promozione di wordprocessor vs macchina da scrivere

Promozione dei PC portatili serie PPC

Con tutto il parlare e la comunicazione che si faceva su Amstrad e sui suoi computer alla fine non poteva mancare che mi invitassero per discutere proprio di computer nella popolare trasmissione del Canale 5, trasmissione "Costanzo Show".

Non ero mai stato in televisione, ma da quello che sentii dopo penso proprio che il presentatore Costanzo mi rese popolare con le sue domande.

Mi incalzava sottolineando come il computer fosse una cosa strana se non pericolosa ed io cercavo di smitizzare la cosa per quanto mi fosse possibile.

Costanzo show del 20 gennaio 1990

Era chiaro che Costanzo non amasse molto la tecnologia e mi faceva domande come se stessimo parlando di un'astronave.

Mi aveva presentato come l'amministratore delegato di Amstrad Spa, ma proprio non volevo lasciar passare che il pubblico considerasse un PC come un oggetto misterioso.

Non posso riportare qui tutta la simpatica chiacchierata, ma alla fine dissi che forse la cosa sbagliata fosse proprio il chiamarlo computer, un nome per molti strano.

Costanzo show del 20 gennaio 1990

A quel punto Costanzo uscì con la seguente affermazione: "Perché non lo chiamiamo Ignazio?". A quell'idea, tutt'altro che assurda, risposi: "Ottima proposta, vuol vedere che lancio un computer Ignazio con l'Amstrad?" e così finì la nostra simpatica discussione.

Durante la trasmissione

Ed in televisione apparve anche tutta la famiglia ripresa più volte dal cameraman.

Costanzo durante il dialogo con me si è rivolto un paio di volte anche ai miei figli seduti in prima fila.

Famiglia ripresa durante la trasmissione

Marketing è guerra

Non passò molto tempo che la concorrenza cominciò a percepire la nostra presenza sul mercato e non tanto per le prime uscite della nostra pubblicità, ma per le nostre azioni sui rivenditori.

La più importante attività dei nostri giovani venditori in campo non era solo cercare ordini, ma quella di visitare i punti di vendita della loro zona e di selezionarli come nostri possibili rivenditori autorizzati.

La procedura era molto semplice: una volta individuato un candidato ed accertata la sua volontà di trattare i prodotti Amstrad il nostro venditore, che più propriamente stava agendo come ispettore, comunicava i dati al centro.

Quel nominativo veniva passato all'amministrazione che gli assegnava un codice, lo inseriva nel nostro sistema informativo assegnandogli una linea di credito in base ad altre informazioni e per tutti le condizioni di pagamento erano 30 giorni fine mese, allora le più stringenti di quel mercato.

Se all'inizio la linea di credito assegnata era zero, il rivenditore poteva solo acquistare con pagamento anticipato o contrassegno.

A quel punto partiva una lettera di nomina come "Rivenditore Autorizzato" che lo informava dei suoi diritti che erano:

Acquisto dei prodotti Amstrad con uno sconto del 21% sul prezzo al pubblico, prezzo indipendente dalle quantità

Accesso alla speciale linea telefonica riservata ai rivenditori per piazzare ordini.

Essere citato nella pubblicità sui quotidiani come nostro rivenditore autorizzato

Essere citato nella nostra rivista Amstrad Magazine come rivenditore autorizzato.

Amstrad era in grado di far arrivare qualsiasi nostro prodotto ai punti di vendita nel nord Italia in massimo 2 giorni lavorativi e 3-4 giorni nelle altre aree e questo veniva citato.

Questa politica si differenziava profondamente dalla concorrenza che spingeva i rivenditori ad acquistare ed a immagazzinare prodotti anche offrendo sconti, premi ed incentivi vari tra cui pagamenti fino a 120 giorni fine mese.

Data la vendibilità dei nostri prodotti e la forte competitività della nostra politica promozionale tutti i rivenditori pagavano regolarmente le nostre fatture per poter ottenere nuove spedizioni che rientrassero nelle modeste linee di credito da noi concesse.

Questo fu la sostanza della nostra forza sul mercato italiano della rivendita e l'Amstrad in Italia evitò l'annoso problema, a me ben noto, dei pagamenti e del credito.

Seppi poi che questo meccanismo fu interrotto da chi, non capendone il rischio, mi successe nel 1991 provocando, non solo una caduta del fatturato, ma soprattutto gravi problemi di rientro del credito.

Ovvio che tutto quanto sopra desse alquanto fastidio ai nostri concorrenti e particolarmente all'Olivetti tanto che ad un certo punto qualche loro ispettore visitando i propri punti di vendita li avvisava che se avessero trattato Amstrad avrebbero perso la linea Olivetti.

Mi resi subito conto di questa azione perché alcuni importanti centri di vendita Olivetti mi telefonarono chiedendomi se eravamo disposti a conceder loro di trattare i nostri prodotti sotto altra loro denominazione o, in alcuni casi, addirittura ad aprire un diverso punto di vendita per noi.

Devo proprio dire che a volte le grandi aziende si comportano come bambini capricciosi: questo succedeva quando Amstrad in Italia era ancora poco più di niente e quell'azione fece capire a molti importanti punti di vendita, che non avevamo ancora visitato, quanto Amstrad stesse diventando importante ... la grande Olivetti, la numero uno al momento, dimostrava di aver paura di noi! Magnifico!

La cosa non si fermò a quel punto, ma continuò anche in altri campi e mi piace ricordarne qui un paio molto spassosi ... e poi, invitarmi ad una guerra commerciale per me era una gioia infinita dopo quello che mi avevano fatto con l'Eledra!

Il primo riguarda il giurì della pubblicità. Ad un certo punto della nostra campagna stampa ricevemmo una raccomandata dal giurì della pubblicità che ci ingiungeva di bloccare tutta la campagna perché lesiva della correttezza di comunicazione.

Mi si spiegava che in calce alla nostra pubblicità noi citavamo "prodotti con garanzia di un anno". L'ingiunzione affermava che, essendo la garanzia di un anno dovuta per legge, noi pubblicavamo un'informazione fuorviante per il pubblico.

CODICE DI AUTODISCIPLINA PUBBLICITARIA
Il Giurì

Milano, 4 maggio 1990
am - 618

Raccomandata A.R.

Ai Signori Legali Rappresentanti:

AMSTRAD SPA
Via Riccione, 14
20156 MILANO

EUROPEA EDIZIONI SPA
Via G. Negri, 4
20100 MILANO

PUBLITALIA 80
Foro Bonaparte, 24
20100 MILANO

OGGETTO: Istanza del Comitato di Controllo contro la pubblicità "PC2286 GRAFICA VGA FANTASTICO AMSTRAD", comparsa su Il Giornale del 30/4/90 e conseguente ingiunzione di desistenza emessa dal Presidente del Giurì in data 2/5/90, ai sensi dell'art. 39 del C.A.P.

Il giurì della pubblicità ci bloccò una campagna

Naturalmente potevamo fare opposizione come un avvocato ci consigliò subito, ma conoscevo bene le lungaggini delle procedure e poi quello legale non era il mio campo di battaglia, il mio campo di battaglia era il marketing.

Decisi quindi subito di cambiare la pubblicità, convocai tre assicurazioni affinché mi studiassero delle polizze assicurative che mi permettessero di portare la garanzia da uno a tre anni.

Per farla breve in pochi giorni trovammo una soluzione con un minimo costo per unità venduta e, tutta la nostra nuova campagna pubblicitaria e per primi in Italia, riportava i tre anni di garanzia ... e nessun concorrente, tanto meno Olivetti, fino a che rimasi in carica fu in grado di inseguirci su quella strada

Con un contratto assicurativo passammo a 3 anni di garanzia

E non finì così, immaginando chi avesse sollecitato il giurì contro di noi, mi misi ad analizzare la pubblicità Olivetti per scoprire se dicevano qualcosa di falso e lo trovai subito.

In una pubblicità nazionale reclamizzarono una loro gamma di PC come i più veloci, affermazione totalmente falsa! La loro pubblicità per enfatizzare il concetto riportava un levriero lanciato in corsa.

Non ho certo usato l'arma del giurì anzi, mi andava benissimo che quella stolta pubblicità non venisse fermata.

Chiamai Alberto Vitali e gli chiesi di preparare in un paio di giorni una contro-pubblicità configurata come quella Olivetti, ma sostituendo al levriero l'animale più veloce della Terra, che risultò essere un ghepardo, e sottostante un nostro PC da 20 mhz contro i 16 mhz dell'Olivetti e Alberto lo intitolò magistralmente "I numeri veri vincono sempre".

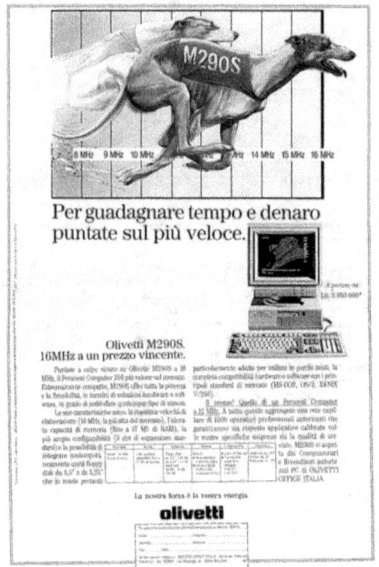

Ci vendicammo con una pubblicità comparativa

La campagna partì e fu un successo enorme, i rivenditori appesero quella pubblicità nelle loro vetrine e la gente si spanciava dalle risate.

Un altro fatto successo e che rasentò anche in questo caso quasi una comica, fu una raccomandata che ricevetti da parte di un avvocato di un rivenditore di Bologna.

Cosa era successo: era uscita sui quotidiani la nostra pubblicità con in calce la lista dei nostri rivenditori autorizzati che includeva il nome anche di quel rivenditore.

Mi si chiedevano i danni per quel fatto. Anche se il nostro avvocato dello studio Carnelutti ci consigliava di rispondere, magari difendendo la nostra azione, io decisi di non fare nulla sul piano legale.

Data la nostra procedura di nomina poteva benissimo essere successo che il nostro venditore ci avesse segnalato quel nominativo e che così fosse stato inserito nel nostro sistema e che poi qualche suo fornitore, ed immaginai chi, gli avesse fatto qualche questione.

Comunque non feci nessuna indagine interna o polemica e dettai una raccomandata da inviare non all'avvocato, ma direttamente al titolare di quel punto di vendita.

In quella raccomandata chiedevo scusa per quell'involontario errore e che Amstrad era disposta ad acquistare una pagina intera sul Resto del Carlino, il giornale più diffuso nell'area di Bologna, ed avrei concordato con lui un testo di scuse a suo favore per il nostro involontario errore ... aspetto ancora oggi una risposta.

Verso la metà del mio mandato avevo anche scoperto che ogni nostra programmata operazione pubblicitaria che veniva comunicata ai rivenditori finiva in mano Olivetti attraverso alcuni di loro.

Cambiai quindi strategia, cosa che mi era facile data la piccola e snella Amstrad Italia e, puntando sulla naturale elefantiasi della concorrenza, inviavamo alla rivendita informazioni non complete sulle nostre promozioni future e che finivano regolarmente in mano ai nostri concorrente, per poi completare l'informazione all'ultimo momento.

Ad esempio la fantastica operazione pubblicitaria di offerta al pubblico di PC con stampante omaggio descritta in altro capitolo fu comunicata ai rivenditori senza citare la stampante omaggio.

Solo pochi giorni prima dell'uscita del primo spot televisivo avvisammo tutti i rivenditori di quel dettaglio non da poco, anche perché dovevano da quel momento ordinarci il kit PC più stampante.

Nessun concorrente e tanto meno Olivetti avrebbe avuto il tempo di preparare una contro promozione e noi consegnammo al mercato in poco tempo 20.000 kit, superando ogni più rosea previsione.

Come afferma il titolo di un importante testo dei primi anni ottanta "Il marketing è guerra!" e posso dire di averla vinta.

Il centralino scoppia

Già con le mostre SIM e SMAU e le prime pagine di pubblicità, che riportavano il nostro numero telefonico, il nostro centralino di via Riccione diventava ogni giorno sempre più color rosso fuoco.

Le poche persone interne che rispondevano stavano impazzendo sia per la quantità delle telefonate e sia per la diversità delle domande più disparate.

Noi eravamo ovviamente interessati alle richieste che venivano dai rivenditori ma si mischiavano con le telefonate dei consumatori che ora si mettevano in coda per sapere dove comprare un prodotto o chiederne maggiori informazioni tecniche.

Era una situazione che avevo già trattato in passato e che avevo risolto all'interno mediante separazione del personale atto a rispondere a secondo del tipo di interlocutore ed utilizzando complessi centralini che già allora convogliavano le telefonate a secondo del tipo di domanda.

Ma qui quella soluzione non poteva essere adottata, ci volevano i tempi necessari per la parte tecnica, ma anche fossi riuscito ad installare un sistema di convogliamento automatico rapidamente, quanto tempo ci sarebbe voluto per selezionare il personale, istruirlo e poi provarlo?

Ancora una volta mi trovavo a dover risolvere un problema che all'interno della struttura in essere non trovava posto.

Dovevo ricorrere all'outsourcing, solo che la parola "outsourcing" per un'attività come le comunicazioni in quell'ambito doveva ancora nascere.

Oggi direi che call center esterni si utilizzano ad ogni angolo del pianeta e spesso anche a sproposito, ma allora era una cosa sconosciuta ed inoltre considerata pericolosa per un'attività così vitale come la vendita.

Non avevo comunque scelta e, come sempre, la "spinta del bisogno" mi obbligò a cercare l'ago nel pagliaio ... se c'era.

E c'era: forse l'unica in Italia che avesse iniziato la professione specifica di prendere contratti da aziende per gestire in proprio comunicazioni verso l'esterno in modo sistematico e professionale era l'azienda che ora descriverò

Dopo varie ricerche mi venne segnalato un esperto nel formare personale dedicato per la vendita telefonica il quale aveva fondato una ditta di nome Telemarketing con sede a Milano 2, Segrate.

Come sempre fissai subito un appuntamento con il sig. Russi presso il suo centro e andai a trovarlo in loco per capire come potesse un'organizzazione esterna ed indipendente sembrare all'interlocutore telefonico come se stesse chiamando l'azienda mandante.

Avevo visto negli Stati Uniti qualcosa del genere andando a visitare le mie rappresentate Intel, Apple ed altre, ma mi sembrava ben difficile che quel tipo di outsourcing potesse trovare spazio in un mercato come il nostro, molto frammentato e con una complicata casistica di domande difficilmente classificabili dall'esterno di una azienda.

Consideravo insomma molto complicato, ad esempio, trasferire a questo Telemarketing la miriade di risposte possibili alle domande provenienti da una numerosa utenza sparsa in tutta la nazione, domande che noi stessi non avremmo potuto classificare e quindi generare risposte standard.

Mi apprestai quindi con una certa titubanza ad ascoltare quanto Russi mi avrebbe detto, ma la necessità urgente per risolvere la massa di domande che stavano soffocandoci, mi costringeva a sperare di trovare qualche risposta.

La prima strana impressione fu la sala dove una serie di persone, tutte giovanissime, sedute in angusti cubicoli separati ad altezza d'uomo da pannelli fonoassorbenti ricevevano le telefonate.

Sembrava una serie di scatole, dove queste persone sedute e rivolte verso la parete, rispondevano alle telefonate mediante una cuffia microfonata.

Per rispondere alle domande sfogliavano rapidamente una specie di piccolo prontuario che tenevano in mano e da quello leggevano le risposte.

La sala era molto silenziosa considerato che c'erano almeno 10 persone che stavano parlando al telefono contemporaneamente.

Società Telemarketing che rispondeva ai consumatori al posto nostro

Se ben ricordo c'era anche una persona che fungeva da capo sala e che seguiva ed aiutava questi operatori.

Era evidentemente una macchina ben oliata e sembrava funzionare. Io arrivavo da una sede Amstrad dove ormai i telefoni squillavano sempre, il centralino smistava come poteva ed i rumori degli altri lavori in corso si sovrapponevano, era un vero caos!

Devo dire che la prima impressione fu positiva e presi coscienza che mi sarebbe stato impossibile creare una struttura del genere all'interno dei nostri uffici.

Vista quell'operatività senz'altro interessante, chiesi di capire meglio e Russi mi fece accomodare nel suo ufficio dove approfondimmo le varie questioni.

La prima domanda che feci fu sulla mia perplessità di come fosse possibile che quelle persone rispondessero a tutte le domande che un'azienda poteva ricevere.

Come potevano avere tutte le conoscenze che erano specifiche di quella particolare azienda loro cliente?.

La sua risposta fu pronta, completa e convincente e mi spiegò che era una cosa scientifica: "Qualsiasi azienda ha un certo numero di possibili domande e quindi di potenziali risposte, si tratta di affiancare l'azienda, comprenderle e poi creare una serie ben definita di risposte congruenti".

Mi aprì così un mondo nuovo e che forse oggi è di utilizzo comune, ma che allora non era ancora patrimonio di molte aziende anche grandi, soprattutto in Italia.

Russi andò poi a prendere uno di quei prontuari che avevo visto utilizzato dagli operatori mentre rispondevano, ne aprì uno e cominciò a spiegarmi.

"Vede questi opuscoli cartonati con facili indici per accedere alle singole pagine?" mi disse, lo presi e constatai che conteneva molte risposte ad una serie di domande facilmente individuabili su un indice a rubrica e che l'operatore poteva leggere e quindi rispondere.

"Bene" Pensai: "Ma questo, della lista delle risposte, è un problema che penso irrisolvibile al nostro caso".

Sapevo che per rispondere alle domande che arrivavano al centralino Amstrad, la centralinista le smistava ad almeno 10 persone diverse: tecnici, venditori, amministrazione ed a molte domande a cui non si sapeva rispondere, si prendeva nota e si diceva all'interlocutore che avrebbe ricevuto una risposta in due o tre giorni.

Subito Russi aggiunse: "e magari non richiamate o richiamate due giorni dopo ed il cliente si incavola", "vero" risposi io "ma non possiamo farci niente".

Non ricordo esattamente tutto il dialogo, ma ho vivido nella memoria quando disse: "Siete voi aziende che non sapete come fare, non che non si possa risolvere il problema. Io prima insegnavo proprio questo alle aziende, ma ora ho trasformato quelle mie competenze in un'azienda mia, la Telemarketing, ed offro questo servizio in outsourcing".

Sintetizzando molto, mi fece conoscere due suoi collaboratori che preparavano gli script per gli operatori che mi spiegarono che la prima cosa che facevano era affiancare il cliente, studiare le chiamate che arrivavano, raggrupparle, trovare gli elementi comuni e quindi creare delle risposte standard che coprissero il 90% delle domande.

Quel processo era continuo ed ogni volta che nasceva una domanda imprevista si creava un nuovo script d'accordo con l'azienda e questa pagina veniva aggiunta al prontuario che gli operatori usavano.

"E poi" Russi aggiunse "guardi che alla fine dei conti le domande sono molto simili per tutte le aziende, per cui Le assicuro che almeno il 50% delle risposte per voi le abbiamo già!".
Era verissimo, in fondo il primo passo era classificare e smistare e questo lo facevano loro in modo superlativo come grandi specialisti: nessun mio manager presente o passato avrebbe potuto concepire e realizzare una struttura così efficiente.

Raggiungemmo subito un accordo economico che considerai molto conveniente per noi, con una quota fissa per tutta la preparazione ed una variabile per il numero di postazioni necessarie, che sarebbero sicuramente cresciute nel tempo.

La prima cosa che richiesi fu un numero di telefono verde (gratis per chi chiamava) collegato a loro, dedicato ai soli utenti finali, che subito pubblicizzammo e che il nostro centralino suggeriva a chi chiamava come consumatore.

Telemarketing arrivò a rispondere alle centinaia di chiamate giornaliere provenienti dal pubblico dando informazioni sui nostri prodotti, su dove comprarlo e dove far riparare un apparecchio guasto e molto ancora.

Così riuscimmo a dividere in due il flusso delle chiamate: quello dei rivenditori verso di noi, quello, molto più numeroso del pubblico, verso di loro.

La situazione in Amstrad si ripulì immediatamente, noi gestivamo gli ordini, loro le lamentele.

Si era creato un contatto diretto tra le varie funzioni Amstrad e la Telemarketing in modo che ogni nuova domanda non prevista da quel prontuario di risposte venisse rapidamente concordata ed inserita nel prontuario stesso, risposta che così diventava professionale ed uguale per tutti gli operatori telefonici.

Il mondo esterno percepiva loro come fossimo noi a tal punto che una rivista tecnica che realizzò, a nostra insaputa, una indagine indipendente sul servizio telefonico di alcuni marchi pubblicò una classifica in base alla quale noi risultammo primi davanti ad IBM ed Olivetti.

Amstrad Magazine: la nostra rivista

Fu un'idea che emerse proprio mentre trattavo con Jacopo Castelfranchi della GBC, con cui avevo discusso la chiusura del loro contratto esclusivo con Amstrad Plc.

Castelfranchi era anche un importante editore con la sua casa editrice JCE (Jacopo Castelfranchi Editore) che stampava una serie di riviste tecniche molto lette in Italia.

La sua esperienza tecnica e, aggiungerei, la sua passione per quell'attività mi sarebbero state presto utilissime.

Insieme infatti pensammo di creare un periodico Amstrad che sostituisse i costosi e spesso inutili depliant.

Un documento di quel genere sarebbe stato molto apprezzato anche dalla rete dei rivenditori se realizzato in modo opportuno.

Il passo alla creazione dell'Amstrad Magazine fu breve e ben indovinato: la prima rivista fu preparata a tempo di record ed il numero uno uscì nel dicembre 1987 con un contenuto che, oltre alla descrizione dei prodotti Amstrad, riportava l'elenco dei rivenditori e dei centri di assistenza.

Poiché JCE già distribuiva le sue riviste in edicola e per abbonamento decidemmo di provare a vendere anche Amstrad Magazine con un prezzo di copertina pari a 6.000 lire.

Così avremmo dato un valore economico alla rivista e questo avrebbe reso il contenuto per chi l'acquistava probabilmente più interessante il leggerla, comunque più interessante di un depliant.

I ritorni invenduti dalle edicole, che erano dell'ordine del 50% delle riviste stampate, potevano poi essere distribuite ai rivenditori che a loro volta avrebbero senz'altro gradito di offrirle gratuitamente ai loro clienti. Una sinergia perfetta!

Vi era poi un altro elemento promozionale importante; la nostra massiccia pubblicità sulla stampa riportava in calce "per saperne di più: Amstrad Magazine in edicola" e questo invito funzionò alla grande.

Non speravamo molto sulla vendita della rivista, almeno considerando quanto vendevano altre riviste tecniche all'epoca, comunque avevamo un accordo in cui Amstrad avrebbe coperto le perdite per la stampa e la distribuzione della rivista una volta dedotti i ricavi dalle vendite della rivista stessa e che venivano incassati da JCE.

Avevamo anche l'accordo che avremmo ritirato l'invenduto gratuitamente ... in fondo le riviste erano meglio che i depliant e le avremmo usate per inondare i rivenditori.

Era un indubbio affare per la JCE e per noi un semplice spostamento del costo di stampa e preparazione della nostra documentazione alla rivista.

Il risultato di quell'operazione fu al di sopra di ogni nostra aspettativa. Già il primo bimestrale dicembre 1987/gennaio 1988, uscito in circa 10.000 copie, ne vendette 5.000, molto di più di quanto ci aspettavamo e le vendite della rivista salì nel tempo e superando di molto le 20.000 copie vendute, una cifra che molte riviste tecniche allora sognavano.

Amstrad Magazine. Il nostro bimestrale venduto in edicola

Il tutto avvenne per il circuito virtuoso formato da: rivista, pubblicità Amstrad, rivenditori. Per reclamizzare i nostri prodotti avevamo creato un nostro organo di stampa che praticamente si auto sosteneva economicamente ed in cui potevamo pubblicare numerose notizie tecniche sui nostri prodotti, articoli anche da parte di autori indipendenti, la lista dei nostri rivenditori autorizzati, l'elenco dei centri di assistenza e molto altro.

Amstrad Magazine. Il nostro bimestrale venduto in edicola

Alcuni nostri rivenditori di una certa dimensione non esitarono a reclamizzare i loro prodotti e servizi sulla rivista, indipendentemente dai nostri prodotti.

Consorzio Europeo Informatico, Load & Run, Lan Systems, Datamatic, CSA Informatica, Megabyte, Più Impresa (distr. HP), Newel, Sistemi & Tecnologie, Flopperia, Network 105 e molte altre.

Amstrad Magazine era diventata molto più di una pubblicità per noi, ma un riferimento del mercato servito dai nostri numerosi rivenditori e che li teneva insieme citandoli tutti in ogni numero.

Holer Togni e il TIR Amstrad

Ecco un altro formidabile strumento di appoggio ai rivenditori per aiutarli a commercializzare i nostri prodotti. Si inquadrava nella fondamentale politica di non costringere i rivenditori a tenere troppi prodotti in deposito presso di loro per servire il mercato.

Può sembrare una favola inventata, ma la verità è che in un incontro a Milano durante uno spettacolo al Palatrussardi e poi in occasione di alcune manifestazioni sportive, incontrai Holer Togni, proprio il Togni appartenente alla famiglia cistercense.

Da tempo utilizzava un enorme camion esibendosi come stunt car, qualcosa veramente speciale.

Holer Togni, lo stunt man dei camion

Mi parlò dell'acquisto che stava facendo di una motrice per TIR americana, una di quelle gigantesche motrici che si vedono nei film girare per le autostrade di quel Paese, con i due tubi cromati di scappamento verticali che affiancano la cabina del guidatore.

Proprio quei camion che nei film di azione finiscono sempre con lo scontrarsi, rovesciarsi, schiacciare file di auto e poi incendiarsi in uno spettacolo di fuoco e fumo e da dove l'eroe, e solo lui, esce sempre vivo.

Holer voleva farne qualcosa di promozionale, utilizzare cioè la novità di un mezzo del genere in l'Italia per reclamizzare prodotti di aziende diverse.

Nel parlarne gli chiesi se il suo TIR avrebbe potuto ospitare una sala di esposizione per prodotti.

Mi rispose che mi avrebbe fatto una proposta e così ci lasciammo.

Una motrice americana tipica

Non passò molto tempo che ci incontrammo in ufficio in via Riccione, dove mi mostrò la possibilità di montare sul retro della cabina di guida una vera sala esposizione espandibile, con un facile accesso da parte del pubblico con una scala sul retro.
Era quello che cercavo. In breve fu deciso di unire la notorietà del personaggio e la sua capacità di pilotare quell'enorme TIR con il mio desiderio di disporre di una mostra itinerante in tutta la nazione.

La logica dell'idea era la seguente: la gamma dei nostri prodotti aumentava di continuo, le mostre SIM e SMAU ci avevano dimostrato quanto fosse importante avere utenza finale e rivenditori a contatto con i prodotti, mentre la contemporanea massiccia pubblicità affermava il marchio ovunque, spingendo il pubblico a cercare dove vedere e comprare i prodotti.

Il TIR Amstrad come esposizione itinerante

Amstrad magazine, che circolava ovunque avrebbe poi appoggiato questa operazione e creato curiosità descrivendone la missione, oltre che disporre di un testimonial quale Holer Togni era. Con questo piccolo SMAU/SIM era itinerante per l'Italia con all'interno l'intera gamma dei nostri prodotti saremmo stati in grado di appoggiare nella vendita anche piccoli rivenditori ed in zone remote, senza che fossero costretti ad acquistare tutti i nostri prodotti da mettere in vetrina.

Incredibile avventura marketing

Potevamo inviare la mostra itinerante ovunque con una telefonata

Eravamo collegati anche con l'antenna satellitare Amstrad

Holer Togni e il TIR Amstrad

Dall'esterno sembrava una mostra fissa

Il TIR Amstrad come esposizione itinerante

Il pubblico lontano dalle grandi città adorava questo sistema

I rivenditori locali accompagnavano i loro clienti

Anche i prodotti consumer erano in bella mostra

Come mio costume concludemmo rapidamente, il TIR fu coperto di marchi Amstrad ed all'interno installata una sala demo con tutti i nostri prodotti.

Concluso il contratto i primi a visitare questa novità furono i funzionari di vendita Amstrad che non vedevano l'ora di poterlo utilizzare come mezzo per le loro future vendite.

Credo che buona parte degli altri collaboratori Amstrad, tecnici, amministrazione, ecc. abbiano dedicato qualche loro ora libera per ammirare questa assoluta novità e brindare con il favoloso Holer Togni.

Tutti i rivenditori furono informati della possibilità che questo TIR poteva arrivare nella loro zona e che quindi potevano invitare il loro pubblico, come se il TIR fosse una loro vetrina.

Questo sistema di estensione delle vetrine locali ebbe un formidabile successo, in modo particolare nelle aree di campagna e nelle zone lontane da importanti centri abitati

L'Holer TIR circolava per gran parte d'Italia ed i rivenditori ci subissavano di telefonate perché lo inviassimo nella loro zona.

Lorenzo Rudella era incaricato di gestire le prenotazioni e quindi di organizzare il giro passando le informazioni ad Holer che, tra l'altro, risultò lui stesso un ottimo venditore dei prodotti Amstrad.

Inoltre dalla richiesta di partecipare ad una promozione in una certa zona alla presenza in zona del TIR Amstrad non passavano più di uno o due giorni ... Holer era sempre pronto.

Alle richieste "on spot" esisteva anche un calendario della tournée con noi concordato.

TOURNEE ROAD SHOW AMSTRAD 1989

città	data	km percorsi	città	data	km percorsi
TORINO	7-12 luglio	160	SAVONA	18-21 settembre	240
VERONA	13-15 luglio	303	PRATO	22-23 settembre	320
NERVI	17-18 luglio	280	LUBJANA (YU)	25-27 settembre	210
RAPALLO	19-20 luglio	20	LUGO DI ROMAGNA	13-16 ottobre	840
RICCIONE	21-28 luglio	420	FIRENZE	18-24 ottobre	200
PORTO S. GIORGIO	29-30 luglio	140	PERUGIA	26-29 ottobre	150
CHIETI	31 luglio-2 agosto	70	S. BENEDETTO D. TRONTO	30 ottobre-2 novembre	160
CAMPOBASSO	3- 6 agosto	150	VASTO	3- 6 novembre	220
CAGLIARI	10-16 agosto	640	GENOVA	13-15 novembre	180
SASSARI	18-24 agosto	240	L'AQUILA	17-20 novembre	720
PRATO	29-31 agosto	300	NOVI LIGURE	22-26 novembre	600
MASSA	1- 5 settembre	120	MANTOVA	27-30 novembre	320
BARI	7-12 settembre	900	CASALE MONF.	1- 3 dicembre	270
LUCCA	14-17 settembre	900	TRENTO	4- 7 dicembre	300

totale 28 città per km 9423

Esempio di giro realmente realizzato

I miei figli salvano la promozione di PC

In prossimità del lancio del nuovo e più avanzato PC640 con 640 kb di ram, ci trovammo nella necessità di spingere al massimo le vendite dei più vecchi PC512 con 512 kb di ram per esaurire le scorte.

Ci furono diverse riunioni su come promuovere in prossimità delle vacanze natalizie quel PC e per riuscire a vendere tutti gli stock presenti in Europa.

Furono considerate tutte le opzioni e si concluse che il nostro target dovesse essere quello degli studenti, cercando di invadere il mercato degli home computer, allora riferimento per i giovani, e con vendite quantitativamente molto superiori ai PC.

La logica apparentemente inoppugnabile era questa: se riuscissimo a far capire ai giovani ed ai loro genitori che un PC, pur costando più di un home computer, riuniva insieme la possibilità di servire allo studio, ad un impiego professionale ed anche, con i giusti programmi, al videogioco avremmo senz'altro vinto.

C'era un problema: il PC non era allora considerato una macchina anche per giochi, anzi con le pubblicità continue di IBM, Olivetti, e chi più ne ha più ne metta, il PC era esaltato come "professionale", per contabilità, fogli elettronici, scrivere libri e quindi tutto ciò che uccideva l'immagine che noi volevamo dare alla promozione: avremmo dovuto smitizzare il PC!

Giungemmo tutti alla stessa conclusione: bisognava regalare un mare di giochi che funzionassero col PC e disporre i giochi in massima evidenza nella nostra pubblicità televisiva.

Accettammo quell'idea anche noi e, come nelle altre nazioni, preparammo uno spot di 30 secondi in cui si vedeva in primo piano una montagna di 100 dischetti di giochi e sullo sfondo il PC.

Il messaggio era: "100 giochi gratis per giocare ed un magnifico PC professionale per lo studio".

Noi tutti ritenevamo che questa promozione fosse irresistibile per i giovani studenti e, importante, avrebbe dovuto convincere anche i loro genitori.

Come sempre, prima che gli spot uscissero in TV, in casa li mostravo ai miei figli e ad Eva per coinvolgerli e avere un parere di prima mano.

Quella era però la prima volta che orgogliosamente volevo che i miei 4 figli, dai 7 ai 15 anni vedessero degli spot indirizzati a ragazzi come loro.

Ero anche seccato che nonostante avessi la casa piena di PC ed home computer Amstrad, loro mi chiedessero continuamente di comprare un Commodore e mi dicevano che quasi tutti i loro compagni ne avevano uno.

"Ragazzi" dissi, "ora vi faccio vedere come Amstrad distruggerà i vostri Commodore del cavolo!".

Ci sedemmo a visionare gli spot, ancora in bozza, e finita la visione esclamai convinto: "Ora vediamo chi la vince contro i 100 giochi regalati!".

Ricorderò sempre il loro sguardo che percepii di commiserazione, quasi avessi fatto vedere un compito in classe.

Dovetti insistere: "Allora cosa ne dite, non lo comprereste voi?".

Ad un certo punto uno dei quattro e non ricordo quale, mi disse: "Ma papà non vedi che manca il Joystick, e poi noi i giochi mica li compriamo, li copiamo!".

Per poco non svenni. Avevano ragione, per loro il fatto principale che caratterizzava un computer per giocare era il Joystick, non i giochi ... stavamo sbagliando tutto!

Una promozione natalizia che stava partendo con costi di centinaia di milioni rischiava di fallire miseramente, non avevamo capito niente.

Chiamai Vitali, gli chiesi di bloccare il tutto e gli comunicai che i giochi andavano bene ma, che bisognava mettere un Joystick in primo piano.

Il problema ancor più importante non era tanto cambiare il filmino ma avere i joystick in quantità.

Sapevo che sarebbe stato inutile discuterne con Brentwood, era troppo tardi, eravamo a novembre e neanche un miracolo avrebbe potuto far smuovere la macchina centrale degli approvvigionamenti o peggio, che a quel punto volessero cambiare strategia.

Preso dalla disperazione ed avendo nelle mie esperienze precedenti avuto a che fare con i fabbricanti di Taiwan mi misi al telefono, al fax ed al Telex chiedendo offerte e campioni di Joystick.

Intanto mentre la pubblicità proseguiva con un Joystick trovato a Milano, in pochi giorni ricevevo via aerea dei campioni tra i quali ne scelsi uno in base alla garanzie di consegna ed alle dimensioni del costruttore.

Devo dire che mi aiutò molto il nome Amstrad, noto in Estremo Oriente come uno dei più importanti clienti al mondo per quell'area, per cui ottenni un servizio impeccabile ed anche un prezzo ben al di sotto di quello che immaginavo.

In pratica con un costo aggiuntivo di pochi dollari salvavo la promozione natalizia che ebbe così tanto successo che dovetti chiedere a Brentwood di dirottarmi l'invenduto di altri Paesi.

Grazie ai miei quattro figli, che conoscevano il loro mercato meglio di tutti noi ultra esperti di marketing, riuscimmo ad inserire il PC nel mondo dei videogiochi.

Inutile dire che furono i primo a ricevere PC, giochi e ... joystick!

Stampante gratis

Questa fu una fantastica promozione inventata dagli spagnoli. Con Josè Dominguez in Spagna, l'Amstrad aveva raggiunto la prima posizione come vendite di PC, davanti ad IBM, Olivetti e tutte le altre marche.

Come l'Italia, anche quel Paese si trovava nella prima fase di "meccanizzazione" digitale e Josè Dominguez, con la sua piccola organizzazione, doveva continuamente inventare nuove iniziative per incanalare al mercato centinaia di migliaia di PC.

Grazie alla libertà di iniziativa che Alan Sugar lasciava alle filiali in cambio ovviamente di risultati strepitosi, Josè Dominguez metteva in atto promozioni efficaci per il suo Paese.

Noi osservavamo quello che faceva e, dove la situazione lo permetteva, non esitavamo a copiarne le iniziative.

La più coraggiosa ed efficace fu quella della "stampante gratis".

Per spiegarla é opportuno fare una breve premessa. La promozione al pubblico, omaggiandolo con qualcosa per essere efficace, deve avere tre prerogative: essere forte, essere diversa ed essere breve.

Deve essere forte: nel senso che il pubblico deve percepirla come un'opportunità da non perdere, con un grande vantaggio economico.

Deve essere diversa: in un momento in cui anche la concorrenza offriva regali e sconti per vendere di più, l'offerta deveva sbaragliare la concorrenza. All'epoca le società sgomitavano nel regalare software che a loro costava poco o nulla, ma che al pubblico interessava poco, perché la copiatura di programmi era all'ordine del giorno.

Deve essere breve: il pubblico deve percepire che non dura a lungo e che se desidera usufruirne deve correre ad acquistare.

L'idea quindi di Josè di regalare una stampante per ogni PC Amstrad era a dir poco rivoluzionaria.

La percezione del pubblico era che una stampante valesse almeno 500.000 lire e che quindi acquistare un computer da 1.199.000 con una stampante in omaggio era un'offerta veramente imperdibile!

Ecco cosa successe in Spagna: ne vendettero centinaia di migliaia ed anche noi in Italia toccammo le decine di migliaia nel solo mese e mezzo della promozione.

Ma i conti per l'Amstrad? Dove andava a finire il profitto?

Qui entrò in gioco l'abilità di Alan Sugar che era riuscito a lanciare una gigantesca produzione di stampanti in Estremo Oriente ed a noi il kit PC+stampante ci dava un margine del 10%.

Intervenne poi un seconda elemento; mentre era vero che il nostro margine per il PC da 1.199.000 non superava il 10%, poi in realtà, sia per la bravura dei rivenditori sia per le aumentate esigenze del pubblico, la vendita dei PC si concentrò verso macchine con hard disk e con monitor a colori, per cui nella sua globalità il margine medio non solo non scese con quella offerta, ma addirittura si alzò.

Sulla falsariga della pubblicità che era in preparazione in Spagna, Alberto Vitali creò due spot televisivi, rispettivamente di 30 secondi e di 15 secondi, rendendoli comprensibili per gli spettatori italiani.

In tutti i nostri spot il messaggio era contenuto tra due brevissimi "jingle" che urlavano "Amstrad", mentre compariva il marchio ed anche in questo caso fu scelta quella modalità nota in tutte le case italiane.

Nonostante quel rumoroso jingle avesse sollevato critiche, era diventato un ritornello che, anche senza guardare la pubblicità, quando risuonava, mezza Italia diceva "ecco Amstrad".

E tra la "mezza Italia" ci metto anche tutti i mie familiari. Se eravamo seduti a tavola e se la TV era in sala accesa, subito tutti correvano in sala per vedere lo spot.

Spot TV per la promozione di un PC con stampante in omaggio. Il messaggio sottolineava l'utilizzo del PC per giocare, stampare e far di scienza

La promozione superò di gran lunga ogni nostra più rosea previsione, il poter acquistare un PC già di per se competitivo e così ottenere una stampante che allora non era un comune accessorio nelle case, creò una corsa ad usufruire di quella offerta di cui ben 20.000 ne approfittarono in Italia.

Ancora più importante per noi fu che non si trattò di una offerta Natalizia, bensì primaverile.

In una parola creammo una spinta anomala all'acquisto proprio in quelli che allora erano considerati i "periodi di magra".

L'unica nostra difficoltà fu il reperire tutte le stampanti necessarie il cui numero superò quello preventivato, ma con l'aiuto degli altri magazzini in Europa riuscimmo a soddisfare la domanda.

Alan Sugar e la partita a tennis

Eravamo a metà del 1989 ed ormai tutta la mia famiglia era coinvolta nell'operazione Amstrad.

In casa non si parlava d'altro ed anzi, la stessa casa era diventata, oltre che un centro di prova dei nuovi prodotti, anche una specie di demoroom dove ragazzi di ogni età venivano a giocare con i miei figli utilizzando i prodotti Amstrad.

Sono certo che quell'esposizione abbia generato numerose vendite nei rivenditori della zona; sentivo infatti esclamazioni del tipo: "Lo voglio anch'io!", "a Natale me lo faccio regalare!", "dove si può comprare?" e sappiamo bene che l'emulazione tra giovani è una spinta fortissima.

Credo che nella nostra mansarda in quel periodo siano circolate intere scolaresche, sicuramente decine di compagni di scuola di ogni età ed ancora oggi, incontrandone alcuni ormai sposati e con figli, mi ricordano quell'epico periodo in cui Amstrad risuonava in ogni angolo della casa e non solo: fu meraviglioso per tutti!

Esattamente il 21 giugno di quell'anno ricevetti da Amstrad l'invito a partecipare a Londra ad una partita a tennis, indetta per beneficenza da Amstrad, in cui Alan Sugar avrebbe giocato contro un importante avversario, di cui non ricordo il nome.

Certamente un evento a cui non potevo mancare. Eva ed io decidemmo di sfruttare l'occasione per visitare Londra con i due figli più grandi, Emanuele ed Edoardo, per poi assistere alle partite.

Le partite furono più d'una in cui l'ancora giovane e prestante Alan Sugar giocò sia il singolo che il doppio.

A Londra per le partite a tennis di Alan Sugar

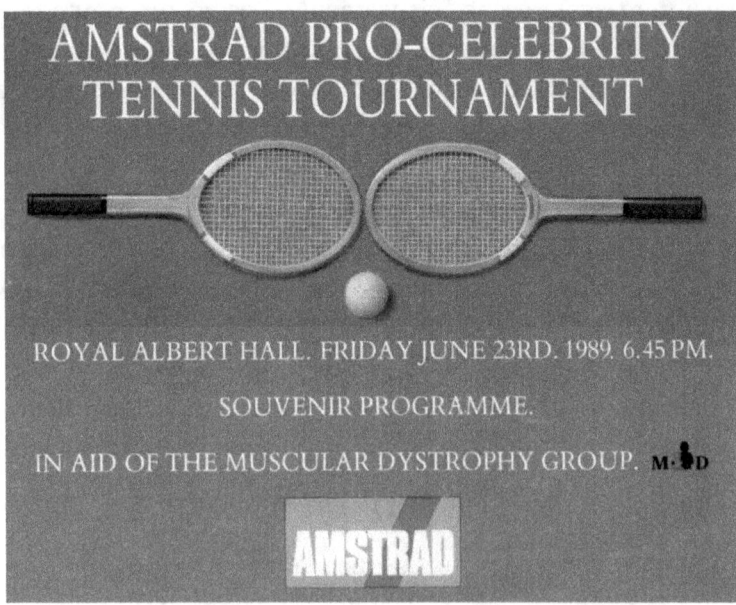
Invito all'evento organizzato da Amstrad Plc

Alan Sugar e la partita a tennis

La squadra partecipante

JUST ADD SUGAR

David Thomas meets Alan Sugar of Britain's aggressive home electronics company, Amstrad

WHEN ALAN SUGAR made his first business trip to Japan at the age of 21, he had to struggle to be taken seriously. The Japanese businessman with whom he had been dealing by telex asked him whether he had come with his father. "He couldn't get to grips with a 21-year-old businessman."

Twenty years and hundreds of millions of pounds later, no one would make the mistake of under-estimating Mr Sugar. Amstrad, the company which he founded, runs and still half owns, has helped to turn technological novelties of the early 1980s, such as word processors and personal computers, into high street goods to be found in many of the studies and spare bedrooms of Britain.

Come Alan appariva nel programma

Il singolo vinto da Alan Sugar

Il lussuoso palco con cena servita

Alan vinse in ambo le due partite e devo dire che giocò benissimo.

Il tutto si svolse alla Royal Albert Hall, la famosa splendida sala da concerti di Londra, trasformata per l'occasione in campo da tennis coperto. Ci avevano riservato un palco in cui ci fu servita un'abbondante cena, mentre osservavamo i giocatori.

Fu una serata simpaticissima ed un evento molto originale, ed anche i nostri ragazzi si divertirono.

Approfitto quindi di questo capitolo, che non parla di business, per spendere qualche parola sulla figura di Alan Sugar ed una sua breve storia.

Avevo conosciute molte persone nel mondo dell'elettronica e molte nella Silicon Valley con le quali avevo collaborato: Gordon Moore, Bob Noyce, Andy Grove, Steve Jobs, Jack Tramiel, Federico Faggin e molti altri, ma sicuramente Alan Sugar era diverso da tutti e con una istintività prodigiosa.

Ho letto di recente qualche sua biografia su internet, ma credo non rendano bene l'idea dell'unicità dell'uomo.

Avevo una discreta esperienza di personaggi nel mondo del business, ma mi riusciva difficile se non impossibile paragonare Alan ad altri.

Veniva descritto come rude e dispotico, credo non fosse nessuna delle due cose o meglio, rude e dispotico lo sembrava senz'altro, ma percepivo invece che fosse naturale e insieme "fortemente rivolto al punto", come si dice.

Era rapidissimo nel decidere ed una volta deciso qualcosa la realizzava con tenacia e senza perdersi in umane titubanze.

Questo era sicuramente il risultato di una sicurezza in se stesso raggiunta col tempo e che fu alla base dei successi dell'Amstrad che io allora conobbi.

Non posso negare che il mio primo incontro con lui quasi mi stregò e certamente influenzò le mie scelte spingendomi verso una decisione totalmente irrazionale.

Menziono che nel 1988, mentre ero in Amstrad, ottenne dalla City University di Londra il dottorato onorario in scienze e nel 2005 la stessa onorificenza gli è stata concessa dalla Brunel University.

Il giornale inglese "The Telegraph" riportò che nel 2009 Alan è stato insignito del titolo di Baronetto, per cui da quel momento il suo nome verrà preceduto dall'appellativo di "Lord".

Lord Alan Sugar. Dal 2009 questo è il suo titolo

Sul medesimo giornale del 2017 leggo che Lord Alan Sugar viene valutato in 1,25 miliardi di sterline, tra i cinque più ricchi personaggi inglesi. Non male dall'epoca che lo vidi per l'ultima volta.

Approfondendo scopro che la sua ricchezza non dipende dai suoi successi industriali ma, per la maggior parte, da speculazioni immobiliari molto ben pensate dall'uomo.

Sempre dai giornali inglesi apprendo anche il suo grande successo in televisione con la trasmissione "The Apprentice", derivata dalla omonima americana presentata da Donald Trump, in cui sceglie candidati imprenditori o dirigenti col suo fantastico modo diretto.

Alan Sugar ha poi proseguito la sfida rivolgendosi ai giovani con la trasmissione televisiva "Young Apprentice", nella quale un gruppo di giovani tra i 16 ed i 17 anni gareggiavano per vincere un premio di 25.000 sterline come imprenditori o manager in erba.

Un ragazzo di 17 anni ha vinto quell'ambito premio ma, più importante, il giovane ha superato le severe regole imposte da un giudice come Alan Sugar.

A quanto pare poi si è occupato di calcio per molti anni avendo acquistato la squadra del Tottenham, poi venduta nel 2007.

Nel 1993 entra nel mondo degli aerei fondando la AMSAIR (Alan Michael Sugar AIRplanes) con la quale, a quanto pare, ha avuto successi di vendita, raggiungendo un discreto valore di mercato.

Il suo capolavoro in termini di risultati economici è però da attribuirsi alla società immobiliare AMSPROPO (Ala Michael Sugar, PROperties).

Leggo altre attività economiche iniziate dall'attivissimo Alan, ma la cosa che credo lo abbia reso più felice, prima dei suoi soldi, come lui stesso afferma, siano i suoi tre figli ed i 7 nipoti.

Memorabile per gli invitati è stato il party per il 40mo anniversario di matrimonio con la moglie Ann, organizzato con una spesa di oltre un milione di sterline e con la partecipazione del cantante Elton John.

Nel 2010 Alan Sugar ha pubblicato la sua autobiografia in un lungo libro di ben 657 pagine intitolato "What You See Is What You get", rintracciabile su Amazon al seguente indirizzo: http://amzn.to/2CJQOr7.

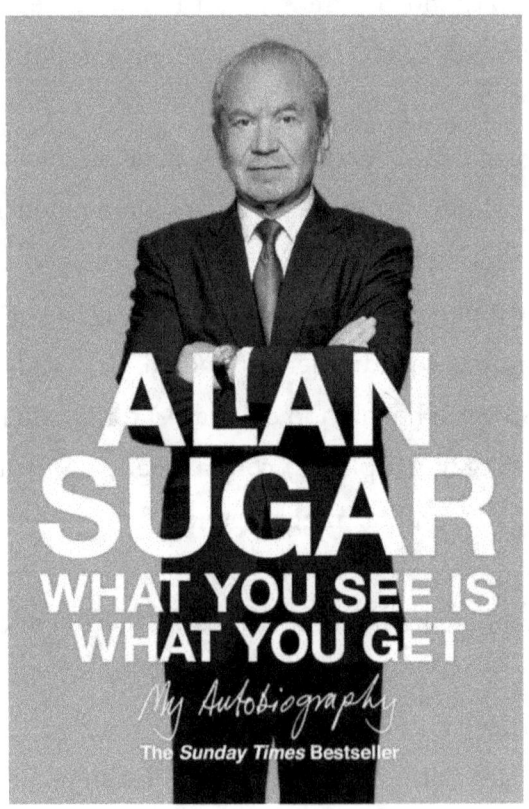

Libro autobiografico di Alan Sugar

Microsoft e Amstrad Italia

Riprendiamo la mia storia con Amstrad Italia. La gamma dei PC avanza verso configurazioni più alte. In un meeting internazionale Amstrad Plc annuncia a tutte le filiali l'arrivo di una nuova serie di PC basati su CPU Intel 286 e 386.

Avevo in precedenza rappresentato Intel e distribuito PC IBM per cui mi sembrava di ritornare al mio mondo, uscendo da quel mercato di consumo che proprio Amstrad mi aveva fatto conoscere.

Era evidente come Amstrad volesse allargare il proprio target entrando in un territorio a loro ancora sconosciuto, quello dei professionisti e delle aziende.

Vedevo però un problema: purtroppo quando un marchio è fortemente posizionato sul mercato in un certo modo, grazie al suo successo, è difficilissimo spostarlo alterandone la percezione che il pubblico ha.

Ad esempio sarebbe impossibile col marchio Coca Cola vendere medicinali, anche fossero i migliori medicinali del mondo; o si usa un altro marchio o bisogna inventarsi qualcosa per permettere uno spostamento di posizionamento.

Questo limite mi era ben noto e quindi, per quanto riguardava l'Italia, dovevo trovare un modo per far sì che quei nuovi prodotti venissero percepiti come professionali.

Proprio in quel momento Microsoft annunciò l'uscita del suo ottimo foglio elettronico Excel 3, non ancora giunto fisicamente in Italia e pensai che se fossi riuscito a fare un "bundling" (termine tecnico per indicare una vendita congiunta) tra il nostro 386 ed il nuovo excel Microsoft sarebbe stato il miglior modo per spostare verso l'alto il posizionamento del marchio Amstrad.

Chiamai l'amministratore delegato della Microsoft Italia, ing. Umberto Paolucci che molto impegnato mi rispose che poteva incontrarmi subito, ma solo a pranzo in un ristorante vicino al suo ufficio a Cassina de Pecchi.

Corsi da lui ed iniziammo la conversazione davanti ad un buon piatto di spaghetti e ricordo che era accompagnato dal suo giovane responsabile marketing, che credo si chiamasse Malaguzzi.

Con Umberto Paolucci, AD Microsoft

Appresi come il prossimo lancio sarebbe avvenuto appena la voluminosa documentazione italianizzata che accompagnava il prodotto fosse stata pronta e che la documentazione era in quel momento in stampa in Irlanda.

Trattammo il prezzo per quantità del suo excel e gli dissi che avrei investito molto in pubblicità, dando massima evidenza al marchio Microsoft ed al loro Excel 3, se mi avesse dato l'esclusiva per alcuni mesi.

Devo aggiungere che in quel tempo Microsoft era ben lontana dall'essere leader nel mercato dei fogli elettronici, il leader era la Lotus col suo Lotus 1.2.3, per cui mi aspettavo una risposta positiva.

Mi rispose che non era autorizzato a dare alcuna esclusiva, anche se gli sarebbe piaciuto moltissimo partecipare alla mia operazione.

Mi venne un'idea e gli chiesi: "Quanti set di documentazione state stampando in Irlanda?" e lui mi rispose che quella prima ordinazione era di 500 set.

Al che proposi: "Ve li ordino tutti e 500, quanto ci mettete a stamparne ancora?". Paolucci mi rispose che aveva ordinato quel quantitativo sulla base di un piano vendite di circa sei mesi, ma che comunque per averne altri sarebbero stati necessari almeno 3 mesi"

"Ottimo" risposi "torno in ufficio e vi ordino i 500 per consegna immediata e così ho un'esclusiva di fatto per tre mesi e questo mi basta". "E no" aggiunse lui "non posso non disporre di alcuni Excel per fornirli ai nostri clienti più importanti, al massimo ve ne posso fornire 400".

In effetti per quel che volevo fare era un ottimo risultato: lanciando sul mercato col metodo Amstrad quell'Excel sapevo che ne avrei aumentato la domanda e così ritenevo che comunque Microsoft Italia sarebbe andata in esaurimento molto presto.

Dovevo però ottenere subito la conferma dell'accordo, anche perché capivo che Paolucci avrebbe forse avuto qualche problema a spiegare al suo interno quella strana operazione.

Gli dissi che avrei sottoscritto l'ordine prima di finire il pranzo se lui avesse accettato di controfirmarlo.

Giunti al caffè, credo tra lo stupore del giovane responsabile marketing presente e non avendo con noi carta su cui scrivere, utilizzammo uno dei tovaglioli di carta che non avevamo ancora utilizzato durante il pranzo e gli firmai l'ordine per 400 excel che lui controfirmò.

Microsoft
Accordo di Distribuzione

Il presente accordo costituisce l'Appendice n°.3 dell'Accordo Preliminare di Collaborazione stipulato tra MS ed AMSTRAD in data 31 maggio 1989 ed acquista valore di contratto fra le parti.

Articolo 1   **Oggetto del Contratto - Non Esclusiva**

1.1
MS conferisce ad AMSTRAD su tutto il Territorio della Repubblica Italiana (il "Territorio") l'incarico non in esclusiva di vendere i prodotti MS ("Prodotti MS") secondo quanto previsto al successivo art. 2, attraverso la propria rete di Rivenditori Autorizzati.

1.2
AMSTRAD non ha alcuna esclusiva, nè territoriale nè di qualunque altra natura, e MS si riserva il diritto di designare altri distributori e/o concessionari autorizzati, o comunque di commercializzare i propri prodotti tramite qualunque canale ritenga opportuno, non escluso quella della vendita diretta, e ciò senza alcun obbligo di informare AMSTRAD e senza che a questo siano dovute commissioni, indennizzi, o pagamenti di qualunque natura.

L'acquisto di Excel 3 fu formalizzato dalle due società

Poi formalizzammo il tutto con documenti ufficiali e partì l'azione pubblicitaria congiunta Microsoft-Amstrad che durò molto più a lungo del previsto e con grandi risultati da ambo le parti.

Una delle pubblicità congiunte Amstrad-Microsoft

Ricordo poi che Paolucci in una sua conferenza ringraziò l'Amstrad per aver aiutato la Microsoft Italia a diventare la prima filiale al mondo a superare ,con le sue vendite di Excel 3, il foglio elettronico Lotus 1.2.3. Aggiunse anche che la nostra operazione fu un esempio affinché il software venisse comprato e non copiato come avveniva largamente in quel periodo.

I nostri rivenditori Advanced gradirono quella promozione e fecero anche i furbetti separando a volte i prodotti che inviavamo a loro come kit, rivendendo Excel 3 separatamente e così realizzando un doppio profitto ... e noi chiudevamo un occhio.

La collaborazione si allarga

Con la diffusione della nostra rivista Amstrad Magazine e la presenza capillare di rivenditori fidelizzati, ben presto si allearono con noi società che completavano la nostra offerta, proponendoci software ed accessori a corredo dei prodotti Amstrad.

In alcuni casi decidemmo addirittura di diventare loro clienti marcandoli Amstrad e così aumentando il nostro fatturato, ancora più importante, il nostro servizio verso i nostri rivenditori ed i loro utenti finali.

Devo dire che queste partnership di tipo nazionale stavano rapidamente aumentando verso la fine del 1989 e l'inizio del 1990.

In fondo per noi era relativamente semplice allargare l'offerta con prodotti nazionali: avevamo un'organizzazione ben oliata, una struttura interna snella ed un amplissimo magazzino magistralmente gestito.

Il marchio Amstrad era ormai conosciutissimo ed apprezzato e servivamo due reti di vendita ben selezionate. Una rete, gli ADV, con capacità tecniche in grado non solo di fornire assistenza, ma anche in molti casi di offrire corsi, personalizzare programmi di contabilità ed altro.

Con molti di loro avevamo creato un vero scambio di informazioni di mercato che ci consentiva una buona conoscenza di quello che il mercato stesso richiedeva.

Ogni lunedì mattina nella nostra sala riunioni di via Riccione si teneva una conferenza telefonica con tutti i nostri venditori collegati ed in un paio d'ore ci scambiavamo in tempo reale un mare di informazioni.

Le nostre novità e le loro raccolte in campo, compresi dati sulla concorrenza, erano all'ordine del giorno.

Incredibile avventura marketing

A tutti era permesso di discutere su tutto e senza segreti ed inoltre se dovevamo rimediare a qualche problema, veniva presa una decisione all'istante.

Credo che quei ragazzi ricordino le discussioni del lunedì mattina, quando i punti vendita erano chiusi, ed il fatto di poter accedere a tutta la direzione che sedeva intorno al tavolo a Milano.

In un paio d'ore tutti noi avevamo un quadro esatto e sincero di quello che succedeva in campo.

Fu per le richieste che ci arrivavano da queste riunioni che, per esempio, decidemmo di aggiungere alla nostra gamma di prodotti la TC Sistema e la Esa Software.

ESA Software

ACCORDO

TRA

la AMSTRAD S.P.A. (qui di seguito brevemente "AMSTRAD"), con sede in Milano - Via Riccione, 14 nelle persone dei suoi legali rappresentanti, Ing. Ettore Accenti e Dr. Giorgio Luise

E

la ESA Computer & Software Srl (qui di seguito brevemente "ESA"), con sede in Rimini - Via Sassonia, 32 - nella persona del suo legale rappresentante, Dr. Antonello Morina

OGGETTO DELL'ACCORDO

ESA si impegna a fornire alla AMSTRAD, nei tempi ed alle condizioni qui di seguito indicate, i seguenti Prodotti:
-SPIGA-PC base (listino al pubblico ESA lit. 1.990.000)
-SPIGA-X base (con Sistema Operativo SCO XENIX 386 e Run Time VS Cobol) (listino al pubblico ESA lit. 3.690.000 + lit. 1.740.000 + lit. 550.000)
-SPICOM-DOS completo (listino al pubblico ESA lit. 5.490.000)
-SPICOM-X completo (con Sistema Operativo SCO XENIX 386 e RUN TIME VS Cobol) (listino al pubblico ESA lit. 9.990.000 + lit. 1.740.000 + lit. 550.000.)
-PACCHETTO TERM per MS-DOS (listino al pubblico ESA lit. 450.000)
(qui di seguito denominati brevemente "Prodotti") unitamente al relativo manuale di istruzione in lingua italiana per i Prodotti SPIGA E SPICOM. Le caratteristiche dei Prodotti sono descritte nell'allegato tecnico al presente Accordo (Allegato "A").

6. FORO COMPETENTE
Per qualsiasi controversia eventualmente sorta tra le parti, la competenza esclusiva sara' del Foro di Milano.

per la AMSTRAD

AMSTRAD S.p.a.

(qualifica)

18 - 1 - 1990

(data)

per la ESA

(timbro e firma)
PRESIDENTE

(qualifica)

18/1/90

(data)

Accordo con Esa Software firmato da Antonello Morina

Accordo con TC Sistema firmato da Pietro Cioffi

Corredammo i prodotti con corsi in aula e con audiocassette e manuali distribuiti dai rivenditori ADV.

Elenco corsi fornit a pagamento

Tutti i rivenditori ADV erano invitati ad offrire i loro servizi ed i loro prodotti attraverso la rete Amstrad, ovviamente se da noi certificati.

Pagina di promozione per ADV come appariva sulla nostra rivista

Politica grandi utenti

Era inevitabile che ad un certo punto anche gli uffici acquisti di medie e grandi aziende si svegliassero e, soprattutto con l'avvento della serie PC 2000 che comprendeva computer 286 e 386, cominciassero a chiederci direttamente offerte.

Con queste interessanti richieste nasceva però un problema: da noi era vietatissimo vendere all'utenza finale, tutto il nostro fatturato doveva passare attraverso la rete di rivenditori autorizzati ed a loro giravamo i nomi di chi ci contattava.

Questo rafforzava la nostra posizione verso i rivenditori e così salvaguardavamo il loro lavoro ed il loro profitto.

Cominciavano ad arrivare richieste di offerta da parte di aziende anche per 50, 100 e più PC.

Se volevamo prendere quegli ordini le nostre offerte non potevano certo essere fatte allo stesso prezzo pubblicato per il pubblico: avremmo perso sicuramente gli ordini.

Eravamo tra due fuochi: realizzare una politica di clienti direzionali riservati direttamente all'Amstrad, politica che avevo ben conosciuto nella mia precedente attività e che generava continuamente conflitti tra la rete distributiva ed i venditori diretti della Casa Madre.

No, quella politica non solo non mi piaceva, ma avrebbe richiesto di istituire all'interno dell'Amstrad una divisione per grandi utenti o clienti direzionali con servizi tecnici per loro, ecc. ecc.

In campo avevamo un gran numero di imprenditori molto bravi e preparati, gli Advanced, perché non utilizzare loro per i grandi utenti?

Decisi così di studiare il modo di risolvere questo dilemma che so bene attanagliava tutte le multinazionali.

Creai così la politica "Amstrad Grandi Utenti" che con una procedura ad hoc assegnava queste richieste agli ADV.

AMSTRAD GRANDI UTENTI

RISERVATO
RIVENDITORI
ADVANCED

Procedura contenuta in un documento di 6 pagine

AMSTRAD - TRATTATIVE GRANDI UTENTI

1 OBIETTIVI
a) Favorire le vendite ai grandi utenti da parte dei rivenditori Amstrad.
b) Ottimizzare i profitti dei Rivenditori in questo tipo di vendite.
c) Permettere ad Amstrad di dedicare le opportune risorse a queste trattative.

2 REPARTO GRANDE UTENZA AMSTRAD
Dal 1 Gennaio 1990 nasce uno specifico reparto con lo scopo esclusivo di assistere i Rivenditori Amstrad nelle trattative con i Grandi Utenti. Il reparto è coordinato dall'Ing. Marco De Angelis.

3 LINEE RISERVATE
Per garantire la riservatezza necessaria è stata istituita, per lo scambio di informazioni una linea telefonica riservata: 02/323442 e una linea fax riservata: 02/321647.

4 MODULISTICA
Tutta la procedura è regolata da:
- Procedura Grandi Utenti
- Modulo richiesta compensi (allegato fac-simile)
- Modulo d'ordine Grandi Utenti
- Modulo richiesta codice trattativa Grandi Utenti

5 PROCEDURA
a) Il Rivenditore segnala ad Amstrad la trattativa, elencandone gli elementi essenziali secondo quanto richiesto nel relativo modulo.
b) Amstrad assegnerà quindi il **"CODICE TRATTATIVA"** che identificherà dal momento della sua assegnazione la trattativa stessa ed il suo Rivenditore.
c) Amstrad seguirà e proteggerà la trattativa fino alla sua conclusione.

6 CHE COS'È IL "CODICE TRATTATIVA"
a) Il **"CODICE TRATTATIVA"** è identificativo del business e non del Grande Utente.
b) Il **"CODICE TRATTATIVA"** è univoco e dà diritto alla protezione commerciale Amstrad per un periodo di 60 giorni.
c) Oltre i 60 giorni il Rivenditore potrà richiedere il rinnovo del **"CODICE TRATTATIVA"**.

7 COS'È LA "PROTEZIONE COMMERCIALE AMSTRAD"
a) Supporto Organizzativo
Amstrad collaborerà con i Rivenditori per organizzare presentazioni/dimostrazioni ecc. dei prodotti Amstrad presso il Grande Utente.
b) Supporto Tecnico
Amstrad collaborerà con il suo reparto tecnico alle eventuali verifiche tecniche richieste dal Grande Utente.
c) Supporto Commerciale
Amstrad collaborerà con i Rivenditori per definire la strategia commerciale più opportuna per vincere la trattativa.
d) Supporto Finanziario
Amstrad collaborerà con i Rivenditori per fornire la più completa assistenza finanziaria/amministrativa.

8 QUALI SONO I PROFITTI PER I RIVENDITORI AMSTRAD
- COMPENSO SEGNALAZIONE
- COMPENSO QUALIFICAZIONE PRODOTTI
- MARGINE CONSEGNA

AMSTRAD S.p.A.
Reparto Grande Utenza

RISERVATO
RIVENDITORI
ADVANCED

Le regole base

B.1. COMPENSO SEGNALAZIONE A TRATTATIVA VINTA

Qualora il cliente per motivi logistici o per qualsiasi altro motivo richieda di concludere la trattativa con un altro Rivenditore Autorizzato non protetto da Amstrad, comunque al Rivenditore che ha ottenuto il **"CODICE TRATTATIVA"** verrà riconosciuto un **"COMPENSO SEGNALAZIONE"**. Solo ovviamente se la trattativa viene vinta da prodotti Amstrad spa.

B.2. COMPENSO QUALIFICAZIONE PRODOTTI A TRATTATIVA VINTA

Al rivenditore che avrà condotto la trattativa fino alla qualificazione tecnica del prodotto spetterà un compenso denominato **"COMPENSO QUALIFICAZIONE PRODOTTI"** anche se la trattativa, vinta da prodotti Amstrad spa, venisse conclusa da un altro Rivenditore Autorizzato, perché specificatamente richiesto dall'Utente.

B.3. MARGINE DI SCONTO SULLA CONSEGNA

Al Rivenditore Autorizzato che otterrà l'ordine verrà riconosciuto un **"MARGINE DI SCONTO SULLA CONSEGNA"**.

B.4. SCONTI

A fronte dell'esito positivo della trattativa il Rivenditore emetterà nei confronti della Amstrad un **"ORDINE PER GRANDI UTENTI"** (un cui modulo è qui allegato) sul quale riporterà i codici dei prodotti ed i prezzi concordati praticati all'Utente Finale. Su detti prezzi l'Amstrad riconoscerà un margine di sconto per trattative Grandi Utenti secondo quanto indicato nella seguente **"TABELLA B"**.

TABELLA "B"

FATTURATO NETTO UTENTE FINALE (Lit/milioni)	COMPENSO SEGNALAZIONE	COMPENSO QUALIFICAZIONE TECNICA	MARGINE MINIMO DI SCONTO AL RIVENDITORE SULLA CONSEGNA
300 - 499	1,0 %	2,0 %	10,0 %
500 - 749	0,8 %	1,8 %	8,0 %
750 - 999	0,6 %	1,5 %	7,0 %
> 1.000	0,5 %	1,3 %	6,0 %

La metodologia ed i compensi

Con questa procedura si conciliavano alcuni aspetti per vincere quegli ordini e contemporaneamente non danneggiare il rapporto con la rete ADV.

Il corposo documento contenente le procedure fu inviato alla fine del 1989 a tutti i gli ADV che ritenevamo in grado di gestire la grande clientela aziendale.

Per servire questi grandi clienti da parte di questi ADV nasceva anche un problema di linea di credito: difficilmente avrebbero potuto gestire grossi quantitativi da questo punto di vista.

Il problema, qualora fosse sorto, veniva risolto dalla procedura che consentiva al rivenditore ad agire da agente ricevendo una commissione prestabilita dalla procedura stessa, mentre era Amstrad a farsi carico della consegna e del credito.

Assunsi anche uno specifico responsabile, l'ing. Marco De Angeli, che doveva presiedere tutta l'attività "Grandi Utenti", che doveva utilizzare la struttura Amstrad e controllare che la procedura venisse attuata rigorosamente.

La politica "Grandi Utenti" piacque molto agli ADV e sicuramente ci avrebbe permesso un ulteriore salto competitivo, anche nel territorio tipico delle grandi utenze … ma purtroppo non ebbi il tempo per portare a fondo anche questa idea che passò a chi mi successe nella gestione dell'azienda.

Il disastro dell'hard disk

Quanto riporterò in questo capitolo fu una vera disgrazia che l'Amstrad Plc non seppe governare e che la portò verso un disastro, che si sarebbe potuto evitare se Brentwood avesse dato ascolto a noi, piccola filiale italiana.

Ecco cosa successe. Ad un certo punto ricevemmo una serie di PC con hard disk che avevano problemi di funzionamento.

Come sempre, una volta giunti in Italia, i PC venivano depositati nel magazzino doganale e poi, quasi quotidianamente, se ne sdoganava la quantità necessaria che passava all'altro magazzino per le spedizioni.

Una prima parte di questa serie con elevata percentuale di guasti fu inviata ai nostri "Advanced" che subito ci segnalarono il problema.

Noi eravamo l'unica filiale a disporre di un tipo di rivendita tecnica come la nostra e per questo riuscimmo ad evitare il disastro inglese.

Ricordo che praticamente volevano rispedirci oltre il 30% dei PC ordinati e questo ci mise immediatamente in allarme.

Noi avevamo all'interno in via Riccione un laboratorio e cominciammo a provarne diversi PC di quel lotto e purtroppo il difetto notato in campo in campo dai rivenditori era vero ed in percentuale al di sopra di ogni accettabile livello di malfunzionamento.

Un uno per cento, anche se alto, è accettabile, ma il 30% assolutamente no e ... guai se la cosa fosse arrivata all'utente finale.

Cominciammo infinite discussioni con i tecnici di Brentwood e ricordo le risposte: "Cambiate la resistenza x della scheda che comanda l'hard disk", "aggiungete un condensatore y da un'altra parte" e così via.

Capimmo subito che a Brentwood navigavano nel buio più assoluto. Noi venivamo dal mondo tecnico, addirittura con la nostra Eledra Systems, anni addietro, avevamo progettato proprio un hard disk da 20 Mbyte come add-on per PC IBM e quindi ci era chiarissimo che il problema non era la scheda ma qualcosa d'altro, probabilmente un problema meccanico.

Per la verità non capivamo neanche noi cosa fosse veramente il problema, ma certamente sapevamo cosa non fosse il problema.

Stanchi di discutere con Brentwood e volendo salvare il nostro mercato lanciammo il messaggio ai rivenditori di provare tutti i PC già spediti a loro, di non consegnarli ai clienti e che avremmo risolto il problema.

A quel punto dovevamo assolutamente testare noi tutti i PC con hard disk che arrivavano, migliaia, prima di spedirli.

Impossibile nel piccolo laboratorio di via Riccione, dovevamo trovare un metodo sistematico e che valesse per il futuro non potendo più fidarci di Brentwood.

Fu così che decidemmo di realizzare all'ingresso del secondo magazzino a Pavia, quello con merce sdoganata, un'area con un paio di tecnici in grado di provare i PC che giornalmente venivano sdoganati dall'altro magazzino, e sostituire gli hard disk guasti con quelli funzionanti che ci venivano inviati da Brentwood.

Inoltre collegammo una linea telefonica affittata tra il magazzino e via Riccione per inserire quel laboratorio nel nostro sistema informativo.

Tutto funzionò alla meraviglia: i tecnici presso il magazzino, dichiarati alla Cariplo come magazzinieri per evitare problemi burocratici, prima della spedizione provavano su un lungo bancone ogni PC ed il mercato italiano non si accorse di quel problema che poi scoprimmo avrebbe sconvolto Brentwood per la diffusione di notizie negative sulla stampa inglese

Magazzini Pavia: panoramica del lunghissimo banco prova per PC

I tecnici riparano i PC e li imballano

Ispezione delle postazioni di lavoro

Ufficio tecnico creato all'interno del magazzino con terminale per IBM S38

Panoramica dei PC testati pronti per la spedizione

Il disastro dell'hard disk

Una nota divertente. In quel periodo una delle nostre attività più importanti era quella di tenere continui contatti con i numerosi punti di vendita sparsi in tutto il territorio.

Oltre ai venditori, a cui erano demandate le visite quotidiane, in loro appoggio tenevamo delle regolari conferenze nelle principali città, Milano, Roma, Bologna, Napoli, Catania a cui partecipavamo con tutto il management Amstrad Italia.

Erano estremamente utili per noi, perché ci permettevano di annunciare nuovi prodotti, tastare il polso della rivendita e di discutere anche i loro singoli problemi e aia per la rivendita che si sentiva appoggiata da tutta la nostra struttura.

Eravamo in una di queste conferenza a Napoli, proprio mentre era sorto il problema di questi PC che erano giunti a loro con un'alta percentuale di guasti.

La sala era affollata con oltre 100 rivenditori ed avevamo appena iniziato a parlare, quando un rivenditore piuttosto corpulento si alzò in mezzo alla sala ed urlò: "Ho ricevuto tutti i vostri PC, 100% non funzionanti!".

Stava parlando il nostro responsabile marketing ed illustrando i nuovi prodotti e quell'urlo lo ammutolì.

Non so cosa mi prese, ma considerai quell'urlo come un'aggressione e decisi di prendere il microfono ed urlai anch'io: "Ma cosa vuole, con quello che vi costano vuole anche che funzionino?".

Ci fu una risata generale e l'atmosfera si sciolse. Devo dire che in sala quasi tutti mi conoscevano anche personalmente, perché facevo moltissime visite e capirono che cercavo una via d'uscita a quell'intervento un po' rude.

Finita la risata aggiunsi: "Alzi la mano chi ha verificato un 100% di PC non funzionanti". Sapevo bene che le percentuali non potevano essere di molto superiori ad un 30%. Ed in effetti credo che solo due o tre alzarono le mani.

A quel punto, anticipando quanto avevamo pianificato di dire su quell'argomento, aggiunsi rivolto al personaggio in piedi: "Conosciamo la questione ce ne scusiamo ed è per questo che siamo qui. Il problema è l'hard disk che può essere difettoso e a chi di voi è in grado di sostituirlo, invieremo un hard disk nuovo a nostro carico. Per chi non è in grado sostituiremo il PC. Nell'intervallo lasciate i vostri dati ai nostri tecnici qui presenti e tutto verrà rapidamente risolto con spedizioni dal nostro magazzino di Pavia".

Devo dire che le cose andarono meglio del previsto. In pratica pochissimi PC tornarono indietro, i nostri bravi "Advanced" si vergognavano dal dimostrarci di non essere in grado di sostituire un hard disk.

Ancora oggi non riesco a capire come una società con tutte le risorse ed il personale di cui disponeva l'Amstrad Plc non fosse in grado di prevenire un problema, tutto sommato non nuovo nel mondo dei computer.

Dal nostro modesto ufficio tecnico di via Riccione tentammo in tutti i modi di far capire ai tecnici di Brentwood che non era una questione di una semplice resistenza o di un condensatore da sostituire, ma qualcosa di ben più grave e bisognava semplicemente sostituirli e rimandarli ai fabbricanti di hard disk.

Comunque il nostro filtro e quello degli ottimi rivenditori ADV impedirono che anche un solo PC difettoso giungesse nelle mani di un utilizzatore finale e che la stampa scoprisse il problema, mentre la stampa inglese era invasa di notizie su questo difetto. Per fortuna in Italia nessuno leggeva i giornali inglesi.

Un meeting impressionante in UK

Il tempo scorreva veloce, il mercato dei PC diventava sempre più complicato e competitivo con numerosi nuovi attori in campo, soprattutto dall'Estremo Oriente.

Anche aziende professionali come Compaq, HP, IBM e DEC volevano accaparrarsi una fetta del tipico mercato Amstrad, quello dei singoli consumatori.

Nell'annunciare nuovi prodotti e nuove politiche commerciali Amstrad Plc sentì il bisogno di organizzare un meeting internazionale con la presenza di tutte le filiali.

Ricordo con lucidità questo meeting tenutosi una decina di mesi prima delle mie dimissioni con la presenza anche delle filiali USA e Australia, di cui non avevo mai sentito parlare.

La riunione fu ben preparata, ben organizzata, lucidi, discorsi perfetti, tutto molto bello ... mi sembrava di essere ad uno dei tanti meeting a cui avevo partecipato in IBM.

Mi dissi: "Ma che stanno facendo! Questa non è l'Amstrad che conoscevo, non è più quell'organizzazione dove tutti si scontrano, si discute ed alla fine si decide senza tanti fronzoli!".

Alan Sugar era quasi in silenzio, parlavano gli altri che si atteggiavano a grandi manager, pensai addirittura che stessero dando una verniciata esteriore alla società per poi venderla a qualche magnate americano.

E non era tutto: i prodotti ed i prezzi mi sembravano pericolosi: mentre i grandi del mercato come IBM, Compaq ed Olivetti si stavano spostando verso il basso, cioè verso l'Amstrad, proprio Amstrad si spostava verso l'alto.

Il colmo fu la presentazione di un PC dalla forma di un Macintosh con schermo da 10" e che chiamarono "Shoehorn", in italiano "calzascarpe".

Lo presentava Malcolm Miller che lo definì "il PC per la scrivania del manager", piccolo e bello ma perfettamente inutile.

Pensai che al massimo un manager l'avrebbe preso come fermacarte, ma per quel prezzo come fermacarte era un po' caro!

Fui forse l'unico ad alzare la mano e fare qualche critica ma fui prontamente zittito.

Mi meravigliò il totale silenzio/assenso dei presenti. Devo dire che da quel meeting ne uscii preoccupato, comunque quelle non erano responsabilità mie.

Il mio molto più modesto compito era quello di badare al mercato italiano e non preoccuparmi di quello che facevano a Brentwood, a patto che mi lasciassero fare.

Avevo un ottimo stipendio, delle opzioni sulle azioni della Plc, una rete di vendita molto fidelizzata ed un gruppo di collaboratori con i quali avrei potuto vendere sul mercato qualsiasi ragionevole prodotto.

Ormai, mi dicevo, siamo piazzati come marchio, come organizzazione e come capacità di gestire autonomamente un'efficace comunicazione, avevamo parato il problema dell'hard disk, pareremo anche questo.

Ma le cose non andarono come pensavo: la comunicazione diretta con quell'Alan, che una volta su due mi diceva: "Give the hell to your people and sell more" ed a cui rispondevo: "With an average sale of 10 million $ per salesman and 2,000 retailers to take care of, I can't reduce my labor force!" e che poi, comunque, visti i risultati, mi lasciava stare.

Ricordando quando, avendogli chiesto con urgenza sotto Natale 500 monitor che mi mancavano per un mio errore di programmazione mi disse: "What the hell of a manager are you ... censured ....!" E dopo una settimana i 500 monitor erano a magazzino in Italia.

Quella era vita! Uno direbbe poco professionale, io dicevo concreta all'inverosimile ... e quindi stava sparendo quell'Alan che all'inizio della mia collaborazione mi aveva tanto e positivamente impressionato quando mi disse : "what the hell, wasting money in stupid market researches ... I know what and how to sell!"

Questa fase finale fu per me critica, percepivo qualche grande cambiamento a Brentwood, ma non facendone parte, non mi era chiaro cosa stesse succedendo.

Giungemmo così all'ultimo mio anno di collaborazione con Amstrad e, tralasciando le molte difficoltà burocratiche che mi venivano frapposte, alcune molto pericolose come il modificare i miei piani di vendita e la forma della comunicazione. Dovevo assolutamente comunicare con Alan Sugar.

Ultimo anno, ultimo tentativo

Giungemmo all'agosto 1990 e mi trovai tra due fuochi: se avessi eseguito gli ordini che mi venivano da Malcolm Miller e qualcosa fosse andata male, sarei stato io a pagarne le conseguenze, se avessi contestato gli ordini Malcolm Miller che teneva le fila dell'organizzazione dal quartier generale, poteva comunque crearmi problemi.

La struttura, l'organizzazione e la comunicazione erano un vestito che avevo cucito sull'Italia grazie alla mia esperienza precedente ed avendo, grazie all'Amstrad Plc, aggiunto molte cose che non conoscevo.

Esistevano fondamentali differenze con le altre filiali:

Il canale di vendita, polverizzato in Italia e molto tecnico, concentrato negli altri Paesi e per nulla tecnico.

Le condizioni di pagamento che noi concedevamo strettissime e con linee di credito concesse col lumicino.

I nostri uomini non erano venditori, ma molto di più: erano ispettori di vendita che dovevano promuovere e selezionare i punti di vendita senza forzarli a tenere a magazzino i nostri prodotti; la rotazione nel loro e nel nostro interesse doveva essere rapida.

La comunicazione ampiamente distribuita anche su quotidiani locali, Amstrad Magazine diffusa in tutte le edicole, il TIR di Holer Togni e l'aggressiva creatività chiudevano il cerchio.

Rompere questo meccanismo virtuoso avrebbe creato problemi non facilmente gestibili, dovevo fare qualcosa.

Dovevo al più presto far conoscere ad Alan Sugar queste grandi differenze che non consentivano di applicare in Italia una politica Europea uniforme come mi sembrava volesse fare Malcolm Miller..

Dedicai una settimana delle mie vacanze di agosto per preparare un lungo rapporto in inglese di ben 10 pagine e che inviai per fax ad Alan Sugar, in cui descrissi per filo e per segno le mie perplessità e soprattutto cosa avevo pianificato di realizzare.

Mi aspettavo la solita pesante risposta tipo: "Don't waste your well paid managerial time to write all these .. censored …!"

Invece ricevetti un fax, che ancora ricordo a distanza di tempo, che mi suonò come: "Nel tuo rapporto c'è del buon senso!".

Il miglior complimento che abbia da lui mai ricevuto in tre anni, che traducendo dalla lingua "Sugaresca" poteva significare: "Meraviglioso, stupendo hai scritto roba da premio Nobel!".

Pensavo così che la cosa fosse risolta e che potessi guidare la macchina Italia, come fino ad allora era avvenuto.

Anzi, si svolse un importante seminario a Roma il 5 settembre 1990 presso l'Hotel Villa Pamphili in cui invitammo tutti i rivenditori Advenced e per la prima volta partecipò personalmente Alan Sugar e non c'era Malcolm Miller.

Dire che la conferenza sia stata un successo è sminuirne il risultato.

Alan parlò a tutti i presenti e fu rassicurante anche per me con quanto disse. Circolavano infatti voci di problemi in Inghilterra per gli effetti dei molti computer guasti, ma nulla di veramente significativo per il mercato italiano.

Un meeting impressionante in UK

Roma: Alan Sugar presenta i nuovi prodotti ai rivenditori

Alan Sugar risponde alle domande

Dopo Alan Sugar intervenni anch'io

Da sinistra: Luise, Corti, Accenti, Sugar, Hennell, Pilone

Sugar ci comunica il suo punto di vista sulla convention

La sala con circa 120 rivenditori presenti

Dopo quella convention a Roma invece continuarono le strane burocrazie e le richieste da parte di Malcolm Miller di passare tutta l'attività pubblicitaria e promozionale ad una certa società europea Zenith, che non conoscevo e che avrebbe curato i rapporti con i media italiani.

Si può immaginare cosa sarebbe successo, esattamente come all'inizio con l'olandese PT&Needham, quando volevano applicare i loro standard comunicativi. E non solo mi si volevano cambiare i piani di marketing in Italia.

Che Malcolm Miller fosse nel mio consiglio d'amministrazione ed un importante direttore della Plc mi andava benissimo, ma mi risultava che non avesse mai amministrato in vita sua una società nel mondo e tanto meno che conoscesse l'Italia ed il suo mercato.

Con l'altisonante titolo di "International Marketing Manager", mi ordinava di fare proprio quelle cose che nel mio rapporto ad Alan Sugar volevo evitare.

Ma non sono tipo che si arrende, se credo in qualcosa non è facile farmi fare il contrario!

Fu così che decisi di fare una cosa assolutamente inusuale per una filiale; dovevo far uscire allo scoperto il ragno dal buco, come si dice, e costringere l'Amstrad Plc ad ordinarmi di fare quelle cose che mi venivano dette e che contrastavo fortemente in un documento ufficiale e quindi poteva essere solo in un consiglio di amministrazione. Avrei così potuto verbalizzare i miei punti di vista come avevo fatto nel mio rapporto di dieci pagine mandato ad Alan Sugar e verbalizzare anche gli eventuali dissensi.

Ragionavo: la Plc è una società quotata in borsa, io sono l'amministratore delegato di una società per azioni interamente posseduta dalla Plc, se loro mi ordinano di fare qualcosa che io sono certo può creare un problema, che me lo ordinino pure, ma in un consiglio d'amministrazione, non per telefono o con un fax.

Chiamai il mio direttore finanziario italiano, Giorgio Luise, un bocconiano che credevo molto esperto, su cui poi avrei dovuto ricredermi e gli ordinai di predisporre la convocazione di un CDA urgente da effettuarsi a Brentwood.

Avevo assunto Luise per la sua storia precedente di direttore finanziario in altre multinazionali e in quel momento, oltre che direttore finanziario della Spa, era anche consigliere, dopo aver sostituito Mr. Bernard Duport che aveva occupato quella posizione dall'inizio fino al 1988.

Il CDA della Spa era formato, oltre che da me e da Luise, anche da tre consiglieri inglesi: Malcolm Miller, Jim Rice e Ken Aschcroft, tutti direttori della Plc.

A parte Luise e Pilone nessun altro mio collaboratore in Italia era al corrente della battaglia che stavo portando avanti da mesi anche perché non volevo diffondere paure.

Il CDA straordinario fu accettato e la data decisa per il 21 settembre del 1990.

Nel convocarlo ricordo come ora le paure di Luise ed i suoi commenti: "Ma sei matto, non si è mai visto che una filiale convochi un CDA presso la casa madre e poi che vuoi fare, siamo in minoranza!".

Gli risposi: "Non mi fermo davanti a richieste che non approvo. Prepara quanto di tua competenza perché voglio che tutto venga verbalizzato in un documento valido legalmente".

Era una vita che facevo assemblee societarie e consigli d'amministrazioni e quindi conoscevo alla perfezione ogni dettaglio di queste procedure e di come fosse opportuno muoversi in società nel caso di contrasti.

Torto collo Luise produsse i documenti con l'aiuto dello studio Carnelutti e li inviò a chi di dovere.

Ci apprestammo così a raggiungere Brentwood per il mattino stabilito alle ore 10.

Il volo verso Londra con Luise fu un vero spasso. Parlavamo di quello che ci sarebbe successo e ricordo anche una frase di Giorgio: "Vuoi vedere che arriviamo a Brentwood e ci troviamo due belle lettere di licenziamento?" e poi: "la Casa Madre non può accettare che gli si vada a rompere le scatole proprio in casa".

Effettivamente non aveva torto ed io non potevo spiegargli tutti i dettagli inerenti al marketing e alla vendita, di cui non era

competente. Comunque, pensavo, partecipando al CDA anche lui capirà. Ma su questo mi sbagliavo come vedremo.
Non potevo inoltre sminuire ai suoi occhi quella Amstrad per la quale tutti ed anche lui avevamo tanto combattuto per il suo successo.

Non arrivai a quel CDA impreparato: avevo due corposi documenti in inglese che racchiudevano l'intero progetto dell'Amstrad Italia per l'anno seguente.

Quei documenti comprendevano un dettagliato business plan con vendite e ricavi che ero pronto a garantire, come avevo fatto sempre, ed un budget che illustrava i costi della filiale per l'anno seguente con tutti i necessari allegati di dettaglio.

Tra l'altro ero veramente convinto che comunque la macchina che avevo costruito in Italia fosse totalmente autonoma; volendo avrei potuto da solo scegliere prodotti in Estremo Oriente, marcarli Amstrad e venderli in Italia.

L'avevo fatto per una vita con l'Eledra ed avevo risolto il problema dell'approvvigionamento da Taipei dei Joystick nella mia promozione del 1988 e, se la Plc me lo avesse consentito ragionavo, con un nome noto come Amstrad non avrei avuto problemi a fare acquisti OEM e con i nostri servizi tecnici avremmo potuto controllare e vendere qualsiasi prodotto facente parte del nostro mondo.

Tra l'altro nel settembre del 1986, pochi mesi prima del mio ingresso in Amstrad e pochi mesi dopo l'ingresso di Olivetti in Eledra, avevo visitato il Sud Corea ed il Giappone ed avevo constatato come sfornassero ottimi PC ed altro a prezzi paragonabili, se non migliori, di quelli di Amstrad ... prezzi possibili solo acquistando gli ingenti volumi come Alan Sugar sapeva fare e bene.

Avevo la logistica perfetta per le importazioni da quell'area, 2.000 rivenditori affiliati, un marchio fortissimo ... avevamo proprio tutto, un vero carro armato invincibile se fossi riuscito ad evitare le mine che proprio la Plc mi metteva davanti.

Tornando al CDA, ero certo che avrebbero analizzato il tutto con la lente di ingrandimento prima di contraddirmi e verbalizzare qualcosa contraria e qualora mi fossi trovato di nuovo davanti a delle contestazioni pretestuose o, peggio di potere, avrei valutato cosa fare.

Penso che alla nostra partenza per Brentwood tutti i collaboratori in Italia fossero in ansia per capire cosa stesse succedendo.

Comunque, giunti a Brentwood Luise ed io ci sedemmo da una parte di un lungo tavolo e di fronte a noi si disposero Jim, Malcolm e Ken.

Vollero ascoltare quello che avevo da dire, detti loro una copia dei miei documenti, che richiesi venissero messi agli atti e risposi alle varie domande con riferimento al contenuto di quel rapporto.

Dedicammo circa un'ora per questo e, per la verità, mi fecero domande facili a cui potei rispondere con franchezza.

La novità fu per me che quasi sempre parlò Ken Ashcroft, il direttore finanziario, mentre Malcolm Miller, quello con cui avevo le questioni in corso, praticamente non disse nulla.

Pensai che la cosa fosse voluta e che a Ken fosse stata data la delega per discutere con me. A distanza di tempo non so se questo mio pensiero corrispondesse a verità o, pensandola male, che il furbo Malcolm Miller non volesse che venisse verbalizzato qualsiasi tipo di contrasto con me ... difficile per me saperlo e pagherei non so che cosa per poterlo scoprire anche ora.

Alla fine di quell'ora improvvisamente ci dissero: "Bene, ora attendete qui che torneremo fra poco con la nostra risposta". Si alzarono con i documenti in mano e se ne andarono.

Sapevo benissimo che quella non era certo una pausa per il caffè. Sarebbero andati da Alan Sugar, che in quell'occasione non vidi mai e poi sarebbero tornati con le sue decisioni.

Passai un'altra spassosa ora da solo con Luise, ci scambiavamo occhiate e qualche parola del tipo: "Scommetti che ritornano e ci cacciano!" ed io: "Probabile, oppure che tornano e stravolgono tutto il mio piano creandomi non pochi problemi di gestione".

Dopo circa un'ora i tre tornarono e con assoluta calma si sedettero di fronte a noi e, sinceramente, mi aspettavo una dura discussione con Malcolm Miller, l'appena nominato "International Marketing Manager" che tanto contestava il mio operato.
Invece, con mia totale sorpresa, a rivolgermi la parola fu ancora Ken Ashcroft, con cui avevo avuto pochissimi colloqui in tre anni, che mi disse: "Abbiamo discusso il tuo rapporto, sei disposto a firmarlo?".

Non credevo alle mie orecchie, era proprio il massimo che potevo aspettarmi e risposi: "Of course, I am here for that!", presi i miei documenti che avevo meticolosamente preparato, che diventavano parte integrante di quel CDA e li firmai. Approvazione unanime!

Credo che Luise, al mio fianco, sia quasi stramazzato al suolo ed anche io stavo per perdere la mia quasi freddezza inglese.

Avevamo vinto! No, avevamo stravinto! Tirai un grandissimo sospiro di sollievo e tornammo in Italia come tornano le squadre di calcio quando vincono i campionati mondiali all'estero.

Quando si vince una gara importante ci si sente stimolati a dare il meglio e così mi sentivo io.

Si trattava di qualcosa di ambizioso, ma nulla in confronto alla scommessa che avevo fatto con Alan Sugar, quella di superare i 50 miliardi di fatturato. In quel mese di settembre 1990 eravamo già vicini ai 100 miliardi e con il Natale potevamo facilmente superare i 120 miliardi.

Anche se la concorrenza ci stava tallonando, sapevo bene che il nostro "asset" non erano tanto i prodotti ma la selezionata ed efficiente rete di rivenditori e tutta la nostra organizzazione.

Ora potevamo tirarci su le maniche e, come si dice, tutti pancia a terra per una nuova battaglia con rinnovata energia verso il nuovo decennio.

Gli eventi precipitano e mi dimetto

Ma accadde l'incredibile: passarono pochi giorni da quel CDA ed invece di riprendere le cose come descritto in quel rapporto, tutto ritornò esattamente come prima, come se quel CDA e la relativa approvazione non fossero mai avvenuti. Ricominciarono disposizioni assurde e che da tempo consideravo pericolose per il nostro mercato; capivo che per me ormai non c'era più posto in Amstrad.

O facevo finta di niente per mantenere il posto ed il lauto stipendio che mi avevano concesso, ma sarei stato alla guida di un'auto in corsa in cui qualcuno mi stava bucando le gomme o me ne andavo per non schiantarmi dentro l'abitacolo.

Senza la Casa Madre dalla mia parte non è che potessi fare molto e poi, più di quanto avevo fatto per far conoscere ad Alan Sugar sia il mio punto di vista sia i pericoli per il mercato italiano ed aver avuto addirittura ottenuto un consenso formale da un CDA, non mi restava che andarmene. Inoltre non capivo la totale assenza di colloquio con Alan Sugar, mi mancavano le sue usuali telefonate del venerdì sera.

Erano conversazioni stimolanti ma, devo proprio dirlo, a parte la forma, erano dirette e concrete e i problemi si risolvevano in tre secondi.

Ora sentivo intorno a me come tortuose e poco chiare politiche, giochi personalistici e, quel che era peggio, mi sembrava di guidare in una corsa di formula uno senza l'appoggio del mio Box. Credo di essere stato in quel momento tremendamente infuriato.

A quel punto decisi di mandare direttamente ad Alan Sugar un pesantissimo fax di cui ricordo ancora il testo: "I am fed up of this continous red tape, I don't want to stay in this failing company!". Era intorno la prima metà di ottobre 1990.

Dalla sua reazione infuriata capii che lui prese quel fax come un'offesa personale, ma sinceramente ormai non me ne importava più di nulla. O risolvevo oppure era meglio che me ne andassi, di più non potevo fare!

Ecco cosa successe subito dopo: il lunedì seguente a quel mio pesante messaggio, Alan giunse in Italia e mi chiamò a casa chiedendomi di raggiungerlo al suo hotel in Milano.

Gli risposi che ero occupato e che se voleva incontrarmi ci saremmo potuti vedere il giorno dopo nel mio ufficio in via Riccione.

Ricordo che mi rispose molto risentito e con la sua classica terminologia, che non posso riportare qui, ma che tutto sommato non mi dispiaceva perché mi dava la possibilità di rispondere allo stesso modo ... e poi quello era, finalmente, il vero Alan Sugar.

Come concordato alle 9 esatte di mattina giunse nella nostra sede italiana e subito si diresse nel mio ufficio, entrò, chiuse la porta dietro di sé e si sedette davanti a me con un'aria che sembrò non poi così arrabbiata come mi aspettavo.

Ora chi mi legge penserà che ci siano state scintille, paroloni lunghi discorsi ecc. ecc., niente di tutto questo Alan, senza aggiungere altro, mi disse con voce pacatissima: "devo scegliere tra te e Malcolm!".

Dire che trasecolai è solo un eufemismo. Prima di tutto, quello che avevo fatto era solo per salvare la filiale italiana e non per fare qualsiasi scalata o carriera!

Secondo, anche se mi avesse offerto il posto di Malcolm Miller, e con qualsiasi tipo di incentivo, non l'avrei mai accettato.

Con una famiglia e quattro figli in età scolare a Milano, genitori, suoceri e parenti vari in Italia, mi sarebbe stato impossibile muovermi.

Inoltre mi piaceva moltissimo il business che stavo facendo in Italia e la remunerazione con le opzioni sulle azioni del gruppo mi erano largamente sufficienti.

In un attimo capii che tutte le mie fatiche di quel periodo per farmi capire e forse anche il rapporto di Agosto, il CDA, le discussioni ecc. erano state interpretate come una mia volontà di scalzare qualcuno per prendere il suo posto e non una pura lotta per l'interesse della sopravvivenza della Spa.

A quel punto risposi ad Alan: "Nessuna scelta è necessaria, rassegno io immediatamente le dimissioni!". Mi parve come sollevato ed aggiunse un'altra frase che al momento non capii: "Che cosa vuoi?". Gli risposi sorpreso: "Tutto quello che per legge mi spetta, lo stipendio fino ad oggi, il TFR e che mi compriate le azioni a cui ho diritto al prezzo di mercato".

Finito il breve colloquio, Alan prese un pezzo di carta, scrisse a mano quanto concordato e lo firmammo. E qui riporto il documento originale a sua firma e che conservo da sempre.

> Milan 9th October 1990.
>
> MR. Alan Sugar who is acting on behalf of the Board of Amstrad PLC and Amstrad SPA and MR E. Eccenti have agreed the following terms.
>
> Payment in Italy of L. 125,000,000 paid (onehundred and twenty five million lira) Corspttivo dimissioni (for lieu of resignation)
>
> In the UK MR Eccenti will recieve 300,000 common stock of Amstad shares, by any method convienient/legal for Amstrad PLC to issue. This method may mean the stock option held by E Eccenti will become void Based on above each party will agree to have no claims against each other.
>
> A·M·SUGAR

Mie dimissioni: accordo con Alan Sugar

Scambiammo qualche altra parola, gli raccomandai l'organizzazione italiana e qualcosa d'altro riguardante il business i cui dettagli non ricordo.

A quel punto pensavo tutto fosse finito; ritenevo, con rimpianto, che alzandomi da quella scrivania sarei dovuto uscire dalla porta per mai più ritornare. Ma non era finita!

Alan tirò fuori un corposo documento di una decina di pagine in italiano e mi disse: "Tu questo devi leggerlo".

Meravigliato lo presi in mano e lo sfogliai rapidamente: era pieno di accuse contro di me, tra cui alcune tremendamente ridicole, tipo che avevo parlato male degli inglesi in pubblico ed altre fesserie del genere.

Capii che stava facendo qualcosa che sicuramente l'avvocato italiano gli aveva suggerito di fare e cioè intimorirmi con delle accuse, qualora non avessi accettato di dimettermi.

Sarebbe stato molto meglio per la Spa che non mi avesse consegnato quel documento che ancora possiedo, avendo noi già concluso l'accordo.

Con in mano quel documento avrei infatti potuto usarlo contro la Spa e se le accuse non fossero state sostenibili in un tribunale italiano come spiegherò, chiedere anche i danni.

Volevo che se lo riprendesse, ma Alan insistette che quel documento passasse a me e fui costretto a prenderlo e metterlo nella mia borsa.

Da buon inglese, non aveva la più pallida idea della complicata legislazione italiana nel campo del lavoro ed eseguiva un suggerimento che avrebbe potuto ritorcersi contro Amstrad.

Ci stringemmo la mano, né io e né lui avremmo mai disatteso quell'accordo come in effetti avverrà, nonostante le malaugurate e stupide manovre di chi mi succedette.

Riferisco quanto segue sia come memoria storica e sia perché spero che anche i miei fedeli collaboratori, che tanto mi avevano dato per la nostra Amstrad Italia, vengano a conoscere cosa successe.

Milano, 8 ottobre 1990

AMSTRAD SpA
SEDE E DIREZIONE
VIA RICCIONE, 14
20156 MILANO - ITALY
TEL. (02) 32.63 (20 linee ric. aut.)
FAX. (02) 33.13.271 - TELEX 330682 AMSIT I

Egr. Ing.
Ettore Accenti
AMSTRAD SpA
Via Riccione 14
20156 MILANO

Egregio Ingegner Accenti,

In relazione al rapporto di lavoro che Lei ha in corso con la nostra società, nell'ambito del quale è stato anche nominato consigliere delegato della stessa, Le contestiamo quanto segue:

1) Fin dall'inizio del rapporto Le è stato più volte contestato, sia dal presidente Sig. Miller, sia da altri consiglieri, sia dal Sig. Sugar, presidente della Amstrad p.l.c., nostra capogruppo ed azionista di maggioranza, di effettuare spese di pubblicità eccessive e, soprattutto, di superare notevolmente di volta in volta le previsioni di spesa da Lei stesso precedentemente presentate.

Decine di accuse ridicole

Varcata la soglia del mio ufficio con Alan Sugar, incontrai Alex Pilone che, con aria da vincitore, mi rivolse una frase che ricorderò per sempre: "C'è chi sale e c'è chi scende".

In quell'attimo capii che era lui a prendere il mio posto; naturalmente chi scendeva ero io e chi saliva alla prestigiosa posizione di amministratore delegato della Spa era lui.

Non sapeva, il poveretto, su che razza di vulcano in eruzione stava per sedersi.

Tra l'altro ne rimasi profondamente stupito, conoscevo Pilone da una vita ed ero consapevole delle sue capacità tecniche.

Ne conoscevo anche i limiti per quanto riguardava i rapporti interpersonali e le conoscenze amministrative.

Non mi risultava che nella sua vita avesse amministrato qualcosa, nemmeno un condominio. Mi domandavo come fosse possibile che la Plc ed Alan Sugar mettessero nelle mani di un tecnico senza alcuna esperienza manageriale, una macchina così complessa come la Spa.

Bah, mi dissi, non sono più affari miei anzi, un pensiero lo feci.

Evidentemente erano stati presi alla sprovvista dalla mia volontà di contestare le nuove politiche e pensavo che avessero deciso di utilizzare temporaneamente una persona che avevano conosciuto e che era al corrente dell'organizzazione italiana per poi cercare un manager di fama, come avrei fatto io al posto loro.

Invece avrei appreso, molto tempo dopo, che lasciarono la società nelle mani di un incompetente e che non aveva attitudini commerciali per dirigere la macchina che avevo creato.

Comunque, quello stesso giorno salutai tutti i miei attoniti collaboratori a cui augurai di proseguire con successo quanto insieme avevamo creato e lasciai l'ufficio.

Tornato a casa pensavo di starmene tranquillo per un po' in attesa di cercare qualcos'altro da fare.

Contrariamente a quanto molti avevano pensato allora, mi ero dimesso, ma non avevo nessuna alternativa pronta anche se, un po' presuntuosamente, ero certo di riuscire a trovare qualcosa da fare, in proprio o collaborando con qualche azienda.

Solo ora, avendo deciso di pubblicare questo mio libro e quindi di aver rivisto tutti i documenti del mio archivio, ho potuto organizzare un contenuto completo e coerente con quanto successe dopo le mie dimissioni.

Come mia abitudine anche qui ogni mia affermazione è corredata da documenti ed immagini degli eventi a supporto di questa fase finale, che definirei quasi comica.

A casa lessi quanto lasciatomi da Alan Sugar e vi trovai la serie di accuse che avevo visto superficialmente sfogliando quelle pagine in ufficio.

Le accuse nei miei confronti erano firmate da Luise e da Malcolm Miller ed all'interno vi erano testimonianze varie tra cui anche quelle di Pilone.

L'accusa più ridicola riguardava il fatto che in una riunione avrei parlato male degli inglesi. Leggendola mi venne da ridere: non solo era vero, ma se me lo avessero chiesto di nuovo sicuramente avrei riconfermato che l'organizzazione della Plc faceva acqua da tutte le parti. Nessuna offesa per gli inglesi in senso generale.

Avevano riempito un sacco di pagine di vere stupidaggini: dal 1987 non avevo rispettato i budget, non avrei ubbidito agli ordini e, dulcis in fondo, ero accusato di conflitto d'interesse per aver utilizzato la società Evart Arredi Srl di mia moglie.

Da esperto di società, tutto quello che avevo fatto pretendevo che fosse verbalizzato ed approvato in regolari CDA ed assemblee dei soci.

Inoltre, e questo è un dettaglio legalmente importante, nel CDA svoltosi meno di un mese prima, nessun consigliere aveva minimamente sollevato e verbalizzato qualsiasi accusa contro di me.

Addirittura tutto il mio programma era stato ufficialmente approvato all'unanimità

Qualsiasi tribunale del lavoro italiano non solo mi avrebbe immediatamente reintegrato nelle mie funzioni di Direttore

Generale (ricordo che un Direttore Generale è un dipendente) ma, negando ogni validità legale a quel pretestuoso documento, mi avrebbe dato la possibilità di chiedere eventuali danni.

Su questo punto poi mi meravigliava che quel documento fosse firmato anche da Luise. Che Malcolm Miller non conoscesse la legislazione societaria italiana era logico, ma l'altro firmatario, Giorgio Luise, avrebbe dovuto conoscere le procedure amministrative di una Spa.

Inoltre, lo stesso Luise, aveva partecipato nientemeno che al CDA con me a Brentwood pochi giorni prima, nel quale furono sottoscritti ed approvati da parte di tutti, lui compreso, le mie proposte senza che alcuna contestazione fosse stata sollevata né sul documento né sulla mia passata attività. Come poteva accettare di porre la sua firma a quel documento controproducente per la stessa Spa?

Quelle improvvide accuse firmate dai nuovi gestori, ancora in divenire, erano una bomba contro Amstrad.

All'avvocato italiano, che aveva redatto quel documento su informazioni di Luise e Pilone e forse altri, probabilmente non era parso vero il poter trovare una serie di accuse così gravi per costringermi a dimettermi.

Per la contestazione sul conflitto d'interesse la società Evart Arredi non solo aveva permesso all'Amstrad Plc di operare in Italia, mentre la Spa non era ancora stata omologata dal tribunale, ma inoltre aveva evitato incombenti cause con richieste di danni da parte della GBC, detentrice di un contratto di esclusiva per l'Italia.

Tutto era stato realizzato con ordini scritti ed accordi col socio totalitario inglese e col pieno consenso dei futuri consiglieri d'amministrazione nella costituenda Spa.

Chiaro che questi fatti erano noti a me, agli inglesi ed al primo direttore finanziario Mr. Bernard Duport, in seguito sostituito da Luise, che non aveva partecipato alla parte iniziale della costruzione della società.

Ricevetti anche una fattura di diversi milioni di lire emessa dalla Amstrad Spa nei miei confronti per campionature di prodotti.

Mi chiedevo che cosa stessero facendo i nuovi gestori della mia ex società, Alessandro Pilone e Giorgio Luise.

Invece di pensare a porre in essere le attività che una società come quella richiedeva, stavano cercando di spaventarmi, o peggio, di ingraziarsi la benevolenza della Casa Madre con queste pericolosissime e veramente insensate azioni?

Quando si dava un prodotto come campione a qualche cliente e non veniva restituito, l'amministrazione per risolvere il problema lo caricava sulla mia scheda e si chiudeva così il giro.
Mi stavano invitando ad una guerra che avrei tanto desiderato rigirar loro contro, ma ormai volevo uscirne ed il più rapidamente possibile.

Anche per quanto riguardava l'accusa che tutti i budget precedenti non sarebbero stati da me rispettati, mi domandavo come era possibile che un bocconiano come Luise esponesse la società, oltre che al ridicolo, anche ad una possibile causa per diffamazione dato che in tutti i CDA precedenti ed anche nell'accordo con Alan Sugar mi si dava completamente scarico di ogni responsabilità.

A questo punto, dico la verità, non ero arrabbiato, ero divertito! Mi dispiaceva solo di aver già dato le dimissioni da direttore generale, perché avrei vinto una causa di lavoro in 24 ore, come mi disse l'ottimo avvocato Isabella Beccaria, da me interpellata.

L'avv. Beccaria, una volta da me documentata, insisteva che iniziassi un'azione cominciando col non considerare le mie dimissioni valide in quanto Alan Sugar non rappresentava un organo legale della Spa per la legge italiana, per cui ero ancora a tutti gli effetti AD e DG della Spa.

Scrisse un documento legale all'avvocato di controparte e credo che quell'avvocato abbia subito compreso dove noi potevamo andare a parare.

Una sentenza di un tribunale del lavoro avrebbe sicuramente obbligato l'azienda a ridarmi il mio posto di lavoro o un'ingente buona uscita in cambio delle dimissioni.

Solo che l'accordo personale e la parola data ad Alan Sugar per me valevano più di ogni sentenza per cui le dissi che non avrei proceduto, ma che mi sarei divertito per qualche giorno.

Prima di tutto chiesi alla Evart di spiccare immediatamente una fattura alla Spa di tutte le attività svolte per loro nei tre anni di collaborazione elencandole dettagliatamente e di inviarla per raccomandata, anticipandola per fax.

Decisi poi di far venire un infarto a qualcuno nella mia ex società: presi un foglio di carta e vi scrissi una convocazione ai miei manager per la mattina seguente con l'ordine del giorno che conteneva una serie di punti.

Naturalmente mi firmai come amministratore delegato e direttore generale della Amstrad Spa, ancora ufficialmente in carica.

Non so ancora oggi cosa nel mio ex ufficio sia successo, ma avrei pagato qualsiasi cosa per vedere la faccia di chi lesse quel fax!

La saga finì subito perché parlai al telefono con Alan Sugar che aveva un tono un tantino irritato e che mi chiese: "What the hell is going on down there?".

Lo bloccai subito ricordandogli che lui ed io avevamo firmato un accordo e stretto la mano e che pretendevo che quell'accordo fosse rispettato, cosa che mi confermò con vigore.

Gli spiegai poi il gioco che in Italia si stava portando avanti e che se fosse continuato non avrei avuto altra scelta che ricorrere al tribunale.

Mi era chiaro che qualcuno gli aveva fatto credere che quanto stava succedendo fosse una guerra iniziata da me, un altro fatto non vero.

Aggiunse di non preoccuparmi e che ci avrebbe pensato lui: infatti tutte le stupide contestazioni cessarono.
Comunque, per quello che era successo pretesi che anche la PLC emettesse un comunicato stampa in mio favore, oltre a quello già emesso in Italia.
Fu spedito alla stampa l'11 dicembre e riportava il seguente testo: "Amstrad Plc ringrazia l'ingegnere Ettore Accenti per aver portato il fatturato di Amstrad Spa da zero a 112 miliardi di Lire."

La seconda frase del testo non era necessaria ... ma non avevo nulla in contrario, solo che mi sembra sia stata smentita dai fatti.

Personalmente io ero già con la testa verso ben altri lidi e l'Amstrad per me diventava solo un bel ricordo.

E pensare che avrei anche potuto aiutare nel loro compito chi mi era succeduto, ed in particolare Pilone e Luise, privi di esperienza di gestione aziendale, se solo mi avessero informato in tempo anziché attaccarmi.

AMSTRAD Plc. desidera ringraziare l'ingegner Ettore Accenti per aver portato il fatturato di Amstrad SpA da zero a 112 miliardi di lire.

AMSTRAD Plc. desidera formulare i migliori auguri per la sua nuova attività e, nel contempo, augura al suo successore risultati altrettanto positivi.

AMSTRAD Plc.

Londra, 11 dicembre 1990

Comunicato stampa emesso dalla Plc in mio favore

Il mio conflitto con Malcolm Miller non era di potere ma sostanziale, cioè le sue direttive erano pericolose, tutto qui, e pensavo che lo avessero capito, ma evidentemente non era così.

Comunque inutile discutere del passato, aggiungo solo che non avrei lontanamente immaginato che Alan Sugar, che ritenevo un grande imprenditore e conoscitore di uomini, non fosse intervenuto in tempo per salvare la filiale italiana da incompetenti!

Il crollo in Italia

Nel periodo delle mie dimissioni da Amstrad erano uscite al riguardo diverse notizie stampa e devo dire che quelle notizie fecero scalpore e se ne parlò per molto tempo.

Vari giornalisti mi interpellarono ma, come d'accordo con Alan Sugar, limitai al massimo possibile qualsiasi dichiarazione.

Inoltre la stessa Amstrad Plc, come abbiamo, visto aveva pubblicato in Italia ed in Inghilterra una notizia stampa in cui si informava sulle mie dimissioni e mi si ringraziava e questo per me era sufficiente, avevo altro cui pensare!

Riporto qui a puro fine di documentazione alcuni ritagli di stampa a proposito delle mie dimissioni

Amstrad: Accentirad lascia il timone 25/9/90

Con un comunicato di otto righe Amstrad ha annunciato il cambio al vertice della filiale italiana. Dopo tre anni Ettore Accenti lascia la carica di amministratore delegato e viene sostituito da Alessandro Pilone, un suo stretto collaboratore. La sostituzione di Accenti ha colto di sorpresa gli operatori del settore, anche se sembra fosse nell'aria da qualche mese una sua decisione di lasciare la società che aveva contribuito a costruire e aveva portato a superare un fatturato di 110 miliardi di lire.

Dietro la decisione di Accenti sembra ci siano le spinte del centro londinese di abbassare ulteriormente i prezzi dei prodotti e una minore indipendenza nel decidere le politiche da parte della filiale. In sostanza, per Amstrad Italia si aprirebbe un periodo di gestione meno «creativo» che Accenti non aveva interesse a seguire.

Alessandro Pilone, fino a oggi responsabile tecnico, si trova a dover gestire una società con settanta dipendenti, un fatturato di 112 miliardi di lire nel 1990 e utili per 2,5 miliardi. Primi appuntamenti saranno il lancio di nuovi prodotti, compreso un laptop, e una campagna di sostegno delle vendite della linea di personal 3000, per la quale saranno investiti circa tre miliardi e mezzo. ■

Incredibile avventura marketing

SPECIALE SOFTWARE — IL MONDO · 5/12 NOVEMBRE 1990

RETI LOCALI

AMSTRAD CAMBIA GUIDA E POLITICA

Con uno scarno comunicato, un paio di settimane fa, la Amstrad ha annunciato il cambio al vertice della società. Ettore Accenti ha lasciato dopo tre anni il posto di amministratore delegato ad Alessandro Pilone, ingegnere torinese ed ex direttore tecnico della società. L'avvicendamento ha destato non poche sorprese nel settore, anche nella velocità e nelle modalità. «Non c'è nulla di misterioso», dice Pilone: «l'avvicendamento è stato il risultato di un confronto da tempo avviato tra Accenti e la società».

Elisabetta Bevilacqua
e Diego Biasi

Italia Oggi - 1 Nov 1990

Parla l'ex direttore generale

Ettore Accenti
'Ecco perché lascio la Amstrad Italia'

di M. Cristina Ceresa

MILANO - «Nulla da dichiarare, sto chiudendo in modo amichevole». Ettore Accenti, fino a poco tempo fa direttore generale, risponde così a chi gli chiede chiarimenti a proposito della propria uscita dalla Amstrad Italia. Ma passano pochi attimi, e stuzzicato dal ricordo di questa società avviata tre anni or sono, si lascia andare confidando qualche particolare.

Nelle sue parole un po' di storia della giovane filiale italiana: «Quando mi buttai a capofitto nel 1987 nell'impresa Amstrad, credevo molto in quello che facevo. Così da una parte c'era un mercato, quello italiano, non certo facile e dall'altra una società sui generis, conosciuta dal grande pubblico, ma un po' snobbata dal settore professionale».

Le cose devono essere molto cambiate se ha preso la decisione di andarsene. C'è forse dell'amarezza? O è il problema del deficit generale dell'azienda?

«Le cose, è vero, sono cambiate. Allora il lavoro era molto duro, ma anche molto creativo. Insomma, di soddisfazione. Ultimamente i presupposti sono, invece, diversi. Non solo a livello di cifre (il fatturato '89 ha raggiunto quota 104 miliardi di lire con un incremento del 67 per cento, mentre quest'anno l'incremento si è limitato al 17 per cento, n.d.r.). Dall'Inghilterra sono giunte direttive di marketing e pubblicità ben delineate e precise. Ma non c'era da perdere tempo, bisognava agire subito senza lasciare buchi. Cosa che non è stata fatta per opinioni divergenti».

Ma allora c'è anche un problema di incomprensioni o meglio di diversità di vedute a livello dirigenza. In fondo anche Alan Sugar, presidente e direttore generale Amstrad, ha ammesso, qualche tempo fa, che ci sono stati problemi di scelte manageriali.

«Giudico positive le direttive emanate da Sugar. Ci sono state però distorsioni, nazionali e internazionali, che rischiano di far perdere il carro. E per quello che mi riguarda preferisco uscire con la coscienza che finora le cose sono state fatte bene».

Al suo posto arriva Alessandro Pilone Quest'anno il fatturato mondiale è di 577 milioni di sterline (8% in meno sul precedente)

Di più Accenti non aggiunge, né sul suo futuro (qualcosa di nuovo bolle in pentola) né a proposito del passato.

Anche all'Amstrad c'è qualche riserva sul caso. Intanto si sa che il nome del nuovo direttore generale è Alessandro Pilone, ex direttore operativo della società.

A livello internazionale l'azienda inglese ha registrato quest'anno un fatturato di 577 milioni di sterline segnando un calo dell'8 per cento rispetto all'anno precedente. Per arginare questa crisi sono state adottate quelle strategie già indicate da Accenti.

«Il nostro obiettivo - ha detto in proposito Lorenzo Rudella, marketing manager - è quello di valorizzare la comunicazione incrementandola con la pubblicità televisiva e presentandoci come un'azienda di largo consumo».

Insomma l'Amstrad sembra cambiare rotta. Entrata in Italia con l'ambizione di conquistare alte quote del settore personal e ufficio ripiega ora sull'area hi-fi, tv e video registratori. Anche a livello internazionale questa componentistica, che rappresenta per ora solo il 20 per cento del fatturato totale della società, ha subito un trend di crescita notevole (circa il 180 per cento).

Anche alla Amstrad, comunque, la domanda è d'obbligo: «Perché se ne è andato Accenti?». Risposta: «Motivi personali».

> **ELETTRORADIO INFORMAZIONI**
> **20 gennaio 1991**
>
> **AMSTRAD RINGRAZIA**
>
> *L'Amstrad Plc. desidera ringraziare l'ingegner Ettore Accenti per aver portato il fatturato di Amstrad s.p.a. da zero a 112 miliardi di lire. Amstrad Plc. desidera formulare i migliori auguri per la sua nuova attività e, nel contempo, augura al suo successore risultati altrettanto positivi.* ■

Come vedremo, non mi sono più interessato di Amstrad e degli eventi italiani e per alcuni anni avevo perso i contatti anche coi miei collaboratori in Amstrad mentre giravo il mondo per i miei nuovi incarichi.

Ricordo di aver parlato con Rudella e poi con Corti quando poco dopo abbandonarono Amstrad per assumere altri incarichi ma non ne seppi molto di più.

Appresi poi di quanto successe e dei disastri in Italia ed anche quelli in Inghilterra e lessi alcune notizie stampa di cui ne riporto un paio.

La stampa cercava di individuare il motivo di come una società nel pieno del successo stesse velocemente affondando.

Il ritaglio di giornale che mi sembra meglio sintetizzare la situazione e che in parte condivido risale al 1992 e fu pubblicato da Espansione.

Lo riporto qui di seguito sottolineandone i punti chiave.

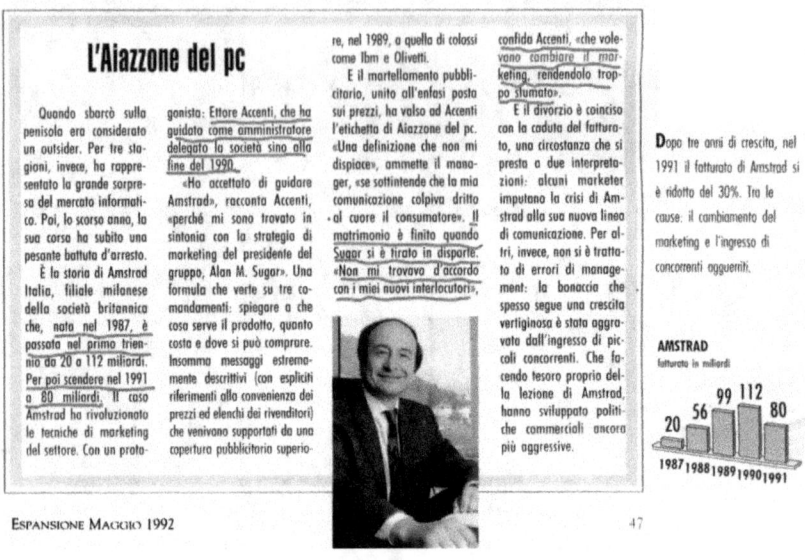

Espansione, maggio 1992

E' vero che me ne sono andato da Amstrad quando ho visto l'impossibilità di difendere il metodo virtuoso che avevo impostato in Italia.

Come riportato la mia politica consisteva in una strettissima collaborazione con i numerosi punti di vendita tipici dell'Italia a cui indirizzare i consumatori con una aggressiva e massiccia campagna pubblicitaria.

Era fondamentale la quantità dei messaggi che dovevano essere distribuiti in tutti i mezzi: quotidiani nazionali e locali, settimanali, canali TV nazionali e locali, dando massima enfasi a pochi prodotti, al loro prezzo e dove acquistarli.

La nostra Amstrad Magazine, venduto in edicola, chiudeva il cerchio della comunicazione con incredibile efficacia.

Il fare in modo che il costo di tutto questo fosse compatibile con le vendite richiedeva una complicata gestione ed un controllo diretto da parte dell'azienda dei prezzi pubblicitari sfruttando la competitività tra i vari mezzi.

Il delegare questa attività ad un ente classico che avesse gestito tutto a livello Europeo, compresi i contenuti, come voleva Malcolm Miller, avrebbe tolto dal nostro controllo l'arma più efficace che avevamo in mano.

A questo si aggiungeva la nuova politica dei prodotti iniziata da Amstrad che aumentava i rischi, anche se questo punto per me era superabile.

Il prezzo fisso alla rivendita impediva una concorrenza spietata tra punti vendite e grandi catene favorendo il loro margine di guadagno.

Rompere questo circuito, come voleva fare Brentwood, con l'assegnare ad una agenzia centralizzata tutta la comunicazione, che certamente a pari costi per Amstrad avrebbe ottenuto la metà di quanto noi ottenevamo e cambiando i contenuti, avrebbe creato una riduzione della domanda verso la rivendita.

A questo punto la rivendita avrebbe cominciato a vendere meno, Brentwood avrebbe fatto pressione per spingere le vendite, il management italiano, avrebbe allargato i cordoni della borsa e fatto sconti per ottenere vendite ed il tutto sarebbe finito in un buco nero.

Se poi aggiungiamo anche la demoralizzazione del personale interno e la perdita di uomini chiave, il tutto si sarebbe accelerato.

Questo a me era chiarissimo, ma non ero il padrone della baracca e dopo sei mesi di guerra interna ero veramente esausto.

Del pezzo di Espansione non condivido la parte che riguarda l'Inghilterra e cioè quando dice che la concorrenza degli altri marchi sia stata la causa del loro crollo.

La concorrenza c'è sempre stata, e sempre ci sarà, Purtroppo Alan Sugar si è fatto convincere da non so chi che Amstrad dovesse salire di livello, un po' come la favola della cornacchia che per diventare pavone si incollò addosso le penne variopinte.

Nell'ultimo meeting generale in Inghilterra, quando Amstrad presentò la sua gamma di prodotti e la nuova politica, letteralmente mi spaventai e non mi feci scrupolo di dirlo.

Amstrad ed Alan Sugar avrebbero dovuto stare alla larga dai grandi nomi come IBM, Comapq ecc. ed invece annunciavano un'intera gamma di prodotti che sembravano fatti da IBM e se ne vantavano.

Stavano disperdendo le risorse su troppi prodotti, non erano più in grado di puntare su grandi volumi concentrati per conseguire costi ultra competitivi e così entravano nell'agone dell'incombente disastro delle grandi marche, invece di starne alla larga.

Amstrad era vincente solo se sceglieva pochi prodotti azzeccati e su quelli giocare tutte le sue carte ... ma Alan Sugar aveva scelto, o era stato costretto a scegliere, il pollaio sbagliato.

E' successo quello che temevo di più: il problema del credito sarebbe esploso.

E pensare che proprio al Sud nei tre anni della mia direzione avevamo riscontrato le minime perdite sul credito!

Se occorreva una prova, qui si è vista la realtà di un sistema aziende che per funzionare e fare reddito deve avere tutti gli ingranaggi ben sincronizzati ed a posto.

Se se ne modifica improvvisamente anche uno solo e non si considera l'effetto sull'insieme, l'effetto negativo può essere rapido e catastrofico.

Qui si è voluto non solo sostituire delle ruote ad un auto in corsa, ma addirittura le ruote ed il suo pilota: lo schianto sarebbe stato inevitabile.

MARK UP APRILE 1995

ARROGANZA · crisi di posizionamento
AMSTRAD: NESSUNO E' PERFETTO

Aperta nel 1987, la filiale italiana era arrivata nel giro di 3 anni a contare un centinaio di persone in organico e un fatturato di 110-120 miliardi di lire. Con 40-50.000 pezzi venduti all'anno, Amstrad si collocava al terzo posto sul mercato dei pc, dopo Ibm e Olivetti.

Sotto la guida del suo primo amministratore delegato, l'ingegner Ettore Accenti, l'azienda era riuscita a far conoscere i propri prodotti a un pubblico vastissimo. Amstrad aveva individuato nelle famiglie il proprio target di riferimento, adottando una strategia di marketing innovativa. Capisaldi: la trasparenza dei prezzi, inferiori del 40% circa rispetto a quelli dei concorrenti e il cosidetto *bandling*, cioè l'associazione del pc con prodotti complementari dati in omaggio o comunque venduti a prezzi scontatissimi (software, stampanti, periferiche). Una politica che si proponeva di avvicinare il computer al mondo dell'utenza non professionale, rendendolo immediatamente utilizzabile anche ai profani.

IL DECLINO è iniziato nel 1991 con l'eccessivo ampliamento del catalogo, la tardiva introduzione di notebook e laptop e il lancio della linea 2000.

In più, mentre Amstrad ampliava la propria offerta nella fascia bassa, il mercato si spostava invece verso l'alto. Anche la concorrenza si faceva minacciosa: le grandi marche si proponevano sul mercato con prodotti dal rapporto prezzo/prestazioni sempre più interessante. Cambiamenti che l'azienda inglese non ha avuto la capacità di intuire per tempo.

Nel 1993, quando l'amministratore delegato era Alessandro Pilone, si verificarono, nel sud Italia, gravi problemi di credito che, gestiti in maniera malaccorta, raggiunsero livelli disastrosi.

Nel maggio del 1994 la carica di amministratore delegato è passata a Riccardo Di Bella, che, con un'azione di recupero sui crediti, dimezzando il personale, riducendo drasticamente tutte le spese e proponendo una nuova forza vendita, è riuscito a riportare l'azienda in pareggio operativo. Con un mercato informatico in netta ripresa (soprattutto nel segmento dei prodotti destinati al target delle famiglie) e l'evoluzione in atto nella distribuzione, Amstrad avrebbe forse potuto recuperare. Ma, dopo quanto accaduto nel sud, la decisione di abbandonare la penisola probabilmente era ormai inappellabile.

Quanto qui sto scrivendo non vuole essere la facile analisi del senno di poi, ma dare la sincera motivazione del motivo per cui quando capii che continuavano ad ordinarmi di attuare politiche assolutamente sbagliate, non mi si lasciava altra scelta che andarmene.

Comunque una provvidenziale telefonata dell'ing. Simone Fubini mi giunse al momento giusto e con l'offerta di una eccellente opportunità, completamente diversa dalle mie precedenti esperienze.

Mia moglie mi disse che ero un kamikaze, ma sapeva che sono con la testa dura e che quindi ero pronto a rompermela.

Per soddisfare la curiosità del lettore giunto fino a questo punto, descriverò in breve l'inizio della mia nuova attività che durò tre anni e che nulla aveva a che fare né con Amstrad né con la mia precedente Eledra

Gennaio 1991: la nuova avventura

Proprio mentre ero a discutere col mio avvocato Isabella Beccaria le strategie per controbattere quella serie di ridicole accuse a mio carico, mi giunse una telefonata dall'Ing. Simone Fubini, presidente della società di consulenza aziendale Projecta Spa.

Simone Fubini era stato amministratore delegato di una divisione della Fiat e poi amministratore delegato dell'Olivetti dove l'avevo conosciuto.

Nel periodo delle dimissioni da Amstrad erano uscite al riguardo diverse notizie stampa e devo dire che quelle notizie fecero scalpore e se ne parlò per molto tempo.

L'offerta telefonica era di incontrare il presidente della Memorex-Telex per coprire una posizione di marketing internazionale e che avrebbe richiesto la mia presenza in molti Paesi.

Mi era sempre piaciuto viaggiare ed il tipo di prodotti trattati dalla Memorex-Telex erano più simili alla mia precedente esperienza in Eledra che non in Amstrad.

I clienti erano le grandi aziende, le linee aeree, gli aeroporti ed i Governi.

La concorrente principale era l'IBM con cui la società competeva con una serie di periferiche che andavano dalle grandi memorie ai terminali e poi con molti altri prodotti del mondo dell'informatica comprese le periferiche il sistema IBM S-400 ed i PC.

Non c'era bisogno d'altro e confermai il mio sincero interesse a proseguire la trattativa, che per la verità fu rapida e, come sempre nella mia vita, anche avventurosa.

Dopo aver parlato con il presidente Giorgio Ronchi, questo mi invitò a discutere il mio eventuale accordo col suo vicepresidente esecutivo Jean Claude Zanolli, la cui sede si trovava a Parigi.

Mentre stavo chiudendo le questioni Amstrad presi un appuntamento con Zanolli per lo stesso mese di dicembre.

Nel frattempo mi documentai su quella società, i suoi 2 milardi di dollari di fatturato, i suoi 10.000 dipendenti, 27 filiali in altrettanti Paesi e 50 Paesi in totale serviti con i suoi prodotti.

Qualcosa insomma di molto grande in cui mai prima ero stato coinvolto ed indubbiamente interessante.

Non racconterò certo qui la mia storia con Memorex-Telex che magari potrà far parte di un altro mio libro, un'esperienza particolare ed il cui racconto credo possa interessare molti giovani manager.

Mi limiterò a descrivere come, mentre la mia bella macchina Amstrad partiva con altri piloti e stavo risolvendone le ridicole pendenze di coda, io conclusi qualcosa che avrebbe di nuovo cambiato la mia vita.

Eravamo rimasti al mio appuntamento a Parigi con Zanolli, allora AD per la Francia e con 500 dipendenti in quel Paese. Era anche membro esecutivo del consiglio d'amministrazione della corporation ed in quel ruolo doveva valutarmi.

Mi dette appuntamento per quel dicembre proprio nel periodo in cui avevo prenotato un albergo a Gressoney dove ero solito andare a sciare con la famiglia; non potevo disdire la vacanza sciistica tanto attesa dai figli e per un qualcosa che comunque non era certa.

Decisi quindi di non cambiare programma, misi in valigia anche un vestito con giacca e cravatta e partimmo in macchina da Milano con meta Gressoney.

Il giorno dopo avrei dovuto partire molto presto per Parigi con un aereo in partenza dall'aeroporto di Caselle, vicino a Torino, e da lì in un'ora circa atterrare ad Orly Parigi.

Mi alzai la mattina mi vestii in giacca e cravatta. Guardando dalla finestra mi accorsi che durante la notte era venuta giù una bella nevicata ed io dovevo raggiungere a piedi l'auto parcheggiata lontano.

Decisi di uscire vestito si di tutto punto, ma con ai piedi dei favolosi moonboot gialli per arrivare alla macchina sommersa dalla neve pensando di cambiare le scarpe una volta giunto all'aeroporto.

Quando arrivai a Caselle mi accorsi di non aver messo nella borsa le mie scarpe normali. Con un vestito a giacca blu e degli enormi moonboot gialli ai piedi sembravo un meraviglioso papero a carnevale.

Ormai non c'era tempo per rimediare in qualche modo, presi l'aereo e augurandomi, una volta giunto ad Orly, che col taxi potessi trovare qualche negozio aperto per comprare un paio di scarpe normali e quindi giungere all'appuntamento vestito decentemente.

Nulla da fare, nessun negozio di scarpe lungo la strada. Arrivai al palazzo della Memorex Telex e la segretaria, vedendo l'abbigliamento molto comico, con un sorriso non troppo velato, mi accompagnò nella sala riunione dove mi chiese di attendere il suo capo Zanolli.

Mi sistemai in modo tale da nascondere sotto il tavolo le mie zampe gialle ed all'arrivo del mio interlocutore mi alzai in piedi, ma stando dall'altra parte del tavolo da riunione, guardandomi bene dal mostrargli una così divertente immagine del suo eventuale futuro manager.

La discussione durò un paio d'ore in cui ci scambiammo una moltitudine di domande. In Zanolli vedevo una lontana parvenza di un Alan Sugar alla francese, duro, franco, senza tanti peli sulla lingua.

Jean Claude Zanolli, Corporate Executive VP

Molte sue domande erano dirette ed alcune al limite dell'indelicato ma ... per me, abituato a ben altro, piacque quella concretezza e la volontà di arrivare al punto senza tanti giri di parole.

Per quanto successe subito dopo e che racconterò ritengo di essergli piaciuto.

Era ormai giunto mezzogiorno ed invece di salutarmi e congedarsi mi invitò a pranzo in quello che mi disse essere un lussuoso e tipico ristorante di Parigi.

A quel punto mi dovetti alzare e muovermi con lui verso la porta; non potevo più nascondere quelle barche gialle che mi stavano ai piedi.

Cercai con riluttanza di spiegargli il motivo di quello strano abbigliamento chiedendogli anche scusa, ma lui mi interruppe subito con una grassa risata; dovevo essergli sembrato molto buffo e poi aveva capito che avevo cercato, imbarazzatissimo, di nascondergli il problema sotto il tavolo fino a quel punto. Ci incamminammo verso il vicino ristorante mentre osservavo gli sguardi un po' sconcertati di chi mi vedeva camminare : era forse prevista una forte nevicata a Parigi quel giorno?

All'interno del ristorante gli sguardi erano ancora più pungenti e mandavo degli accidenti alla mia improvvidenza e mi chiedevo perché quel benedetto cielo plumbeo non avesse fatto cadere una bella nevicata anche a Parigi! Il pranzo fu perfetto, Zanolli mi spiegò molte più cose della precedente chiacchierata, quale poteva essere la mia posizione, i miei incarichi e molto altro.

Arrivati al dessert mi chiese: "Allora che ne pensi?"; gli risposi che la cosa mi interessava molto e che ne avrei parlato con mia moglie e gli avrei dato una risposta in un paio di giorni al massimo.

Eravamo ormai al caffè e mentre stavo per alzare la tazzina del caffè mi fermò e mi disse: "due giorni sono troppi, mi devi dire si o no prima che tu finisca il caffè!".

"Gulp", mi dissi, cercando di non finire quel caffè e rimettendo la tazzina lentamente sul piattino: "Ma se non so nemmeno quali saranno la mia sede ed il mio compenso, come faccio a decidere?" risposi con una certa fermezza.

"Giusto" mi rispose subito, "cosa ne dici di Londra?"; questo non mi andava bene e ribattei prontamente: "Bellissima città, è lì che ho conosciuto mia moglie, ma per muovermi da Milano ed andare a Londra vorrei almeno un compenso annuo intorno al miliardo di dollari".

"Un po' caro" replicò lui con un sorriso ironico ed aggiunse "e cosa ne dici di Parigi come tua sede?"; "Molto meglio, amo Parigi e sono più vicino a Milano. Qui, per soli dieci milioni di dollari, accetto subito", fu la mia nuova risposta.

Naturalmente dicevo tutto questo perché non potevo pensare di muovere la mia complicata famiglia da Milano con tutti i figli ancora a scuola, genitori vari, ecc. ecc.

Alla fine concluse lui con sorriso, sempre ironico, "ed a Lugano in Svizzera cosa ne dici?". Io avevo studiato prima dell'incontro tutta l'organizzazione mondiale della Memorex-Telex e sapevo bene che a Lugano non avevano alcun ufficio per cui, ero certo che mi stesse prendendo in giro e così risposi: "A Lugano? Ma è a due passi da Milano, lì vengo gratis!".

Non l'avessi mai detto ... "bene" mi rispose "dal prossimo gennaio apriremo il nostro nuovo quartier generale mondiale proprio a Lugano".

Intervista della rivista economica Ticino Management

Mi sarei mangiato la lingua, quel furbastro di un Zanolli mi aveva giocato un bello scherzo e pensavo di essermi rovinato da solo la trattativa economica.

Comunque aggiunsi subito che ero prontissimo ad iniziare con loro la mia attività da quella sede anche subito.

Devo dire che poi mi fecero firmare un contratto di tutta soddisfazione e praticamente iniziavo dopo pochi giorni la mia nuova attività internazionale da Lugano. Da quel momento e per tre anni avrei viaggiato per il mondo come una trottola.

Andavo da una parte all'altra del pianeta per poi ritornare nella mia nuova sede in Svizzera. Ne presi poi la residenza che mantenni anche dopo aver cessato la mia collaborazione con la Memorex-Telex ed infine, raggiunti sufficienti anni di residenza, ottenni anche la cittadinanza svizzera e continuo a vivere a Lugano ancora mentre scrivo.

Già da gennaio mi insediai nel mio nuovo ufficio che confinava proprio con l'ufficio del presidente Giorgio Ronchi e con cui ebbi spesso incontri di lavoro.

Con Giorgio Ronchi, presidente Memorex-Telex

Anche in questo caso, come feci in Amstrad all'inizio della mia collaborazione, chiesi di visitare le varie sedi e di incontrare le persone che avrebbero dovuto collaborare con me.

Non si trattava di un giretto per qualche ufficio in Europa, ma presto constatai che l'operazione di presa visione delle operazioni abbracciava praticamente tutto il pianeta e che avrebbe richiesto molto tempo e molti viaggi.

Comunque era necessario farlo e mi organizzai suddividendo queste prese di coscienza dei luoghi e delle persone in un periodo di sei mesi, alternando i viaggi con la mia operatività in sede.

Il mio contratto iniziale prevedeva la distribuzione dei prodotti Memorex-Telex in Europa ed in Sud America, ma presto la società mi avrebbe chiesto di estendere la mia responsabilità anche al Medio Oriente, Africa e l'area del Pacifico.

MEMOREX-TELEX WORLDWIDE DISTRIBUTOR NETWORK
Directed by Ettore Accenti (Corporate Vice-President) 1991-1993

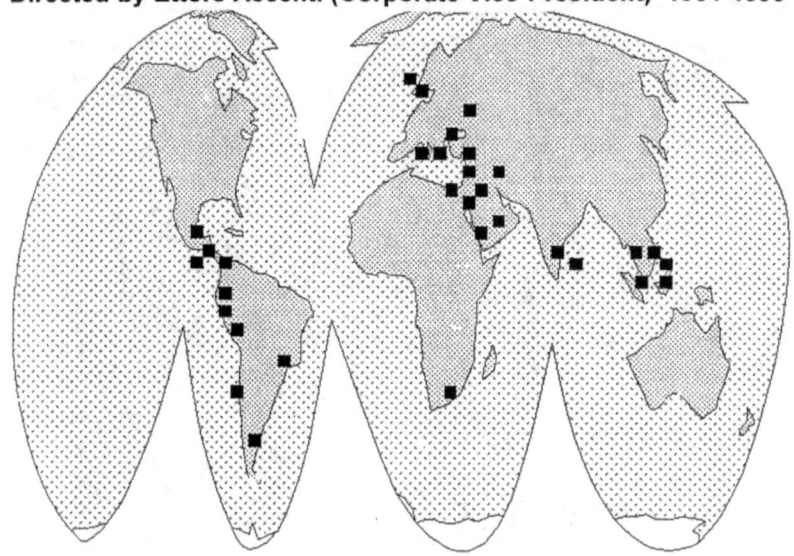

I quadrati neri rappresentano i distributori sotto mia responsabilità

Divento un Globetrotter

Da qualche parte dovevo pur cominciare ed approfittai subito di un sales meeting già programmato per il 21 gennaio 1991 a Caracas e che raccoglieva tutti i funzionari coinvolti nel business dal Messico a tutto il Sud America.

Prenotai il viaggio per Caracas e programmai per il seguente febbraio un giro in Medio Oriente dove avevamo discrete attività in corso.

Ma i miei programmi, che da una vita mi si trasformavano in eventi imprevisti ed impensabili, stavano per essere scombussolati un'altra volta.

Il 18 gennaio, pochi giorni dall'inizio del mio nuovo incarico, non scoppia la prima guerra in Irak?

17 luglio 1991. Il giorno dopo partirà l'attacco contro l'Irak

Tutti i manager di società americane furono invitati a non volare ed a starsene buoni a casa loro.

Poteva una semplice guerra fermarmi proprio all'inizio della mia attività? E poi stavo andando dalla parte opposta per cui non cambiai il mio programma ed il 20 gennaio decollai per il Venezuela con un viaggio assolutamente tranquillo come non mai. Non potevo avere battesimo migliore per questa mia avventura internazionale.

I ragazzi del centro e sud America avevano organizzato un meeting che tutto sembrava meno che un incontro di lavoro.

Si discusse ogni tanto anche di business, nei ritagli di tempo dal divertimento, ma da buoni latini non si facevano mancare l'allegria, ricche vivande e quant'altro.

Sinceramente mi domandai se quel tipo di incontri fosse una politica aziendale, politica che non avrei minimamente tentato di contestare, ma che non trovai da nessun'altra parte.

In fondo ero arrivato in un ambiente accogliente, simpatico e che conciliava l'alta tecnologia con un buon rapporto umano; non potevo attendermi nulla di meglio.

Il mio primo meeting a Caracas ... un vero spasso

A Caracas non avevo letto alcun giornale e tantomeno visto o sentito le news di quanto stesse accadendo nella guerra in Medio Oriente e solo sul volo di ritorno, leggendo un giornale inglese, appresi che per il Medio Oriente il mio pianificato giro di febbraio era una chimera.

Inoltre il Kuwait, uno dei Paesi per i quali il mio mandato prevedeva una supervisione essendoci un importante distributore, dovevo proprio dimenticarlo.

Ragionavo: Se l'Irak avesse vinto la guerra, poco probabile, avrei dovuto scegliere un distributore a Baghdad per ambedue i Paesi, se l'avesse persa avrei dovuto prima capire cos'era rimasto in piedi nel Kuwait.

Ora sappiamo come sono andate le cose e dopo la fine della guerra nel Kuwait non potei nemmeno metterci piede. Per l'Irak ne stiamo parlando ancora adesso e fortunatamente non me ne sono dovuto occupare.

Potei visitare il Medio Oriente solo a luglio, il peggior mese per quanto riguardava le temperature ed in ogni modo spesi da quelle parti due settimane tra Egitto, Arabia Saudita, Dubai, Abu Dabi e Bahrain.

Per chiudere questo breve cenno non posso fare a meno di menzionare cosa provai uscendo dall'auto con aria condizionata a Riyadh nell'Arabia Saudita con 50° all'ombra ... credevo di morire e mi avevano raccomandato: "Non uscire mai dall'auto se non sei vicinissimo alla porta dove devi entrare, un fisico non abituato e senza qualcosa sul capo muore in cinque minuti", effettivamente non ci sono rimasto solo per poco.

Riyadh col principe titolare del nostro distributore

Ormai ero fuori dall'Italia ed immerso nel capire come portare avanti la mia missione tra un viaggio e l'altro e persi tutti i contatti con il business italiano, tanto che venni a sapere della brutta fine della Amstrad Spa molto tempo dopo. Ed anche i problemi che la Plc ebbe in tutta la sua organizzazione mi erano totalmente sconosciuti e fu per me una vera sorpresa quando ne venni a sconoscenza.

Lessi tra l'altro varie motivazioni per quel disastro: concorrenza, prodotti sbagliati, cambiamento del mercato, ecc. ecc. ma secondo me la verità era molto più semplice: qualcuno aveva convinto Alan Sugar a cambiare il suo personalissimo modo di decidere e comandare, quel modo che accompagnato al suo fiuto gli aveva procurato tanto successo ... tutto qui.

Conclusione: é ripetibile un'operazione Amstrad?

La risposta è no! Se intendiamo ripeterla come allora. I tempi cambiano, i prodotti cambiano, le mode cambiano e quindi se la domanda è se la stessa operazione e con le stesse modalità, riprendendola come una fotocopia, oggi funzionerebbe, allora la risposta non può essere che negativa.

Con questo non voglio dire che operazioni di marketing massicce e penetranti come quella ideata da Alan Sugar negli anni ottanta non siano possibili ma le modalità devono essere completamente diverse.

Basti pensare alla Apple che del suo iphone ne ha venduti più di un miliardo ai consumatori di tutto il mondo e ad un prezzo altissimo.

Il suo successo dipende da tre pilastri: tecnologia avanzatissima, prodotto interessante per tutti e canale di vendita che lo cede a rate sommerse (le reti telefoniche).

E come Amstrad anche Apple produce quel prodotto in Estremo Oriente e da lì lo incanala in tutto il mondo con profitti analoghi in percentuale a quelli conseguiti da Amstrad negli anni 1986, 1987 e 1988.

Due aziende molto diverse in tempi diversi e con modalità differenti per raggiungere ed interessare le persone inducendole a comprare prodotti diversi, ma capaci di provocare in loro desiderio e magari la smania di possederli.

Altre edizioni

Copertina flessibile bianco e nero su Amazon
eBook su Amazon: http://amzn.to/2mJwsHf

Informazioni sull'autore

Linkedin: Ettore Accenti
Blog: http://bit.ly/1qZ9SeK
Elenco di tutti i miei libri pubblicati: http://amzn.to/1YYcPaI

Aziende e persone citate

Dalle mie agende riporto qui i nomi delle aziende e delle persone che in qualche modo sono state coinvolte nel mio business Amstrad. Non credo siano tutte, ma mi piace ricordarle qui.

Amstrad UK
Simon Angel, Ken Ashcroft, Richard Atwasser, Chris Austey, Colin Head, David Hyams, David Lancashire, Malcolm Miller, Mordekay, Sam Nagaoka, Joe Oki, Roland Perry, Jim Rice, Peter Roback, A. J.Sehill, Richard Simmons, Mark Simons, Alan Sugar, Malcolm Tocha, BobWatkins, Simon Witham, Nick Hewer, Michael Joice

Amstrad Spagna
Julio Alonso, Carlos Burgos, Hosé Luis Dominguez, Alfonso Dominguez Morales, Julian Fernandez, Juan Hillegas, José Maria Martinez de Haro, Pardo

Amstrad Francia
Marion Vennier

Amstrad Germania
Roland Brushtein, Hans Guntermahn, Helmut Jost, Uri Moscell

Amstrad Olanda
Richard, Innemee, Marielle Luise

Studio Carnelutti
Tabone, Attolico, Galliano, Rittatore

Consolato UK
Giuseppe Caruso, Keith Morris

Data Optimation
Guido Vercellino

De Agostini
Pancotti

Esa Software
Antonello Morina, Maurizio Renoldi

GBC/Jce
Jacopo Castelfranchi, Gianalberto Castelfranchi, Crespi, Benvenuti, Francesca Marzotto, Orsenigo, Paolo Romani

Gruppo Ethos/Opinione
Davide Bianco, Centolani, Fulvia Germano, Brigitte Knopf Pizzocchero, Alberto Vitali

Il Sole 24 Ore
Elena Rossi, Carlo Arcari

Italcida
Ivo Cabrini

J.Soft
Bozzoni, Andrea Gastaldi, Manuel Spangaro,

Jackson
Pancaldi, Paolo Rejna, Gianluca Rivoli

Manzoni/ /Publietas/Espresso/La Repubblica
Bussolera, Marco Ciprandi, Molinari Alberto, Pompas

Messaggerie Musicali
Alfredo Conti, Pietro Sgarlata

Metalka (Lubjana)
Strukely, Oblak

Microsoft
Umberto Paolucci, Malaguzzi

Mondadori
Carlo Casalini, Croce, Pasquale Laurelli, Gualtiero Rudella

Odeon
Aliprandi, Paolo Spadaccini

Progetto Elettronica 92
Filippo Bua, Giuseppe Bua, Paolo Giuliani

Fininvest/Publitalia 80
Urbano Cairo, Padullo, Gianfranco Riccio, Spalluto, Maurizio Costanzo

Reader Digest
Lenzi

RG2

Roberto Gnaga

Rizzoli/Corrsera
Enrico Ferrari, Eduardo Giberti, Giorgio Pepori, Mauro Ferraris,

Silvestar
Germano Fanelli, Giorgio Ghezzi, Achille Ghezzi, Lizzio

Singer/EHP
T. Ash, Oliviero Jugo, Tina Melana, Meroni, Alberto Nigro

Sipra/RAI
Mario Bianchi, Maurizio Cattaneo, Filippini, Cesare Migliavacca,

Skemalog
Roberto Farotto, Umberto Tonus

Sogema/Expert/Serta
Barbieri, Bozzoni, Gianni Milazzo, Roberto Larocca, Rodolfo Tasso

Spoerle
Carlo Giersh

Standa
Piero Di Martino

Stievani
Domenico Stievani

Svimark/ PT&Needham

Foresti, Querci, Mauro Toscano, Paolo Vallarelli

TC Sistema
Pietro Cioffi, Luisi Fabio, Fugatti, Nespoli, Roth, Vismara

Telemarketing
Sergio Fogagnolo, Russi, Simonetta Spalluto

Telepress
Roberto Floris, Guazzone

Telerent
Sergio Vanni

Touch Ross
David Lawton

Commenti dei lettore alla prima edizione

Lorenzo Rudella

Ho letto il libro in una sera. Paradossalmente ho iniziato dalla fine... era l'aspetto della storia che meno conoscevo. Che tristezza, che delusione. Tornando alla lettura è pleonastico elencare i sentimenti e le reazioni. E' molto più emozionante che guardare una vecchia foto o un vecchio filmato. Sono sicuro che per tutti furono anni meravigliosi. GRAZIE per le parole molto generose che hai speso per il ragazzo o poco più che ero allora! Due ne voglio spendere io per te. Solo oggi penso di poter pienamente comprendere il sistema vincente che avevi creato, le sue logiche, il suo essere autofertilizzante, la sua "efferatezza commerciale".. non trovo termine migliore. BRAVO, BRAVISSIMO. L'altro aspetto di cui ancora oggi non mi capacito, conoscendo assai meglio di allora, le perversioni del nostro sistema normativo e la velocità con cui hai realizzato il tutto. 2 mesi: pianificazione, logistica, personale, IT, assistenza tecnica, 2 fiere nazionali ... 2 MESI! non lo avessi visto con i miei occhi non ci crederei. Ma è tutto vero. Hai anticipato il nostro pay off: FANTASTICO ETTORE!! Da questa storia simile a poche altre e dalla sua conclusione ricavo purtroppo una morale triste e temo generalizzabile: invidia, paura, ignoranza, malizia, cinismo, egoismo non accettano una storia speciale e la vogliono (a qualsiasi costo) trasformare in una storia normale. Il Normale spesso sconfina nel banale. Il banale finisce di solito nel canale (di scolo). Ma Amstrad SpA racconta altri valori. Entusiasmo, intelligenza, rischio, spirito di gruppo, tensione all'obiettivo, empatia, simpatia, leggerezza, cultura del lavoro... il tutti per uno ed uno per tutti che ricorda Dumas. Questo hai fatto ed è solo merito tuo. Nessuno può togliertelo né sminuirlo. E come già ti dissi, hai potuto farlo perchè questi valori ti appartenevano (appartengono) e sapevi (sai) trasmetterli. E proprio pensando a questo puoi ben dire con Orazio: Exegi monumentum aere perennius, regalique situ pyramidum altius.

Laudetta Galante

Ci voleva perché anche a me qualche dubbio era rimasto. Di Pilone lo immaginavo ma di Louise no. Non si può pensare che nn sia un po' autobiografico ma penso possa essere veramente d'aiuto a chi si affaccia ad una start up oggi. Personalmente ho sempre ritenuto e anche tutt'ora ritengo l'esperienza Amstrad una lezione di vita che mi ha insegnato molto. Ci sono rimasta male quando lei se ne è andato perché mi mancava qualche pezzo del puzzle per capire e mi sono sentita un po' tradita. Ecco perché mi sono cercata una ltro lavoro. Come ha scritto lei "....era finito il mio tempo con Amstrad". Nn avrei mai continuato con Pilone....mi ha chiesto di esprimere una critica sul libro: è scritto tutto d'un fiato, ci sono alcuni errori e so che Evart ha giocato un ruolo importante e strategico ma non ne avrei parlato così tanto. Avrei forse speso un po' più di racconto dei mesi iniziali, dell'ingresso in SMAU (oggi non è così conosciuto...allora aveva un valore importantissimo sul mercato), avrei raccontato le peripezie per mettere tutti i nomi sulla pubblicità di corriere e gazzetta , avrei raccontato come abbiamo arredato, grazie a Evart, la sede di via Riccione e la velocità nel selezionare ed addestrare il personale ... sarei stata un po' più dettagliata perché oggi pochi farebbero quelle peripezie perché purtroppo c'è poco credo. Ora le dico grazie, un grande grazie per il libro ma anche per avermi permesso di starle accanto in questa avventura in cui ho creduto sin dal primo momento quando me ne parlò di domenica a casa sua. A presto ing!

Sabrina Guerrato

Io non so nulla ma posso solo ringraziarla per tutto quello che ho vissuto in quegli anni e che ho sempre portato nel mio cuore ... esperienza unica e indimenticabile e ancora oggi posso solo dire grazie a lei perché mi ha dato la possibilità di ritrovare tutti i colleghi AMSTRAD ... sembra non essere cambiato nulla, questo dimostra che siamo sempre state persone e che abbiamo conservato dentro di noi l'affetto che ci uni in quegli anni...grazie di cuore Ettore Accenti ... è tutto merito suo, d'altronde avendo un capo come lei non avrebbe potuto che essere così.

Roberto Giannecchini

Carissimo ingegnere, così la chiamavo allora. Io sono stato fino a maggio 1991 (andai poi in Thomson), accadde che un gioiello da lei e noi creato fu messo nelle mani di persone come Pilone che attraverso criteri che non oso definire, fecero si che il gioiello morì. La ringrazio infinitamente della opportunità che mi diede. Un caloroso saluto a lei e signora.

Milena Di Giuseppe

Carissimo ingegnere, oggi come allora Lei e' L'ING! Nel lontano 1991 anche io cambiai e mi trasferii in Samsung Electronics. Conservo tutt'oggi un ricordo splendido di quei giorni, la mia prima esperienza lavorativa tra colleghi che erano praticamente una famiglia. La mia storia professionale iniziò in Via Riccione e terminò 7 anni dopo in qualità di assitente del Direttore Tecnico di una Samsung che stava per spiccare il volo... Sto ritrovando con piacere colleghi del passato. Magari riusciamo davvero in questa fantastica re-union!! Ah la saluta tanto mio padre, Luigi!

Paola Quieroz

Caro Ingegnere, che sorpresa per me questo ritrovo di un passato gioioso e formativo per tutti noi, allora (ma ancora) giovani e pieni di sogni da realizzare. Nella foto che lei ha pubblicato mi vedo nello stand in fiera a dare informazioni a volte neanche tanto precise visto che ero da poco arrivata in Italia e di computer ne sapevo ancora poco... Ma avete investito in me, mi avete assunto regolarmente, e cosi' ho potuto avere il Permesso di soggiorno e rimanere in Italia a lavorare. Da allora molte cose sono successe, ho realizzato il mio sogno di diventare un'interprete di conferenze, accreditata in parlamento e presso il nostro governo. Ma l'AMSTRAD e' sempre rimasta nel mio cuore, l'accoglienza avuta da tutti voi e la fiducia che avete posto sul mio lavoro mi hanno sempre spinta a non avere paura di crescere e di dare sempre il meglio di me! Un sincero ringraziamento a lei e a tutti i colleghi della nostra AMSTRAD! Paula Queiroz - Interprete di Conferenze.

Bresciani Giordano

Allego un lungo commento per dire grazie a chi vi ha lavorato: La Sistemi e Tecnologie srl di Arese (Mi) era fatta tutta di ragazzi, pronti e attratti all'evoluzione tecnologica in corso. Chi con il saldatore, Chi con il software, Chi con il telefono/fax e ricordano bene la collaborazione con Amstrad Italia spa nel realizzare numerose modifiche ai loro Pc da tavolo e portatili. A quello da tavolo hanno sviluppato il box esterno per schede std e controller hd e tape. Al portatile hanno trasformato lo schermo in retroilluminato producendo con la Soc. Loctite Inc una lampada fluorescente, un gioiello, ancora oggi unica per dimensioni, spessore 1 mm., e purezza di componenti; il controller hd interno realizzato su slot del coprocessore matematico destando l'interesse dei Big di Taiwan e ancora oggi unico; il box esterno per hd e tape. Prodotti che sono poi stati distribuiti direttamente da Amstrad o da Sistemi e tecnologie. Un periodo memorabile per i Ragazzi cosi come per gli utenti, operatori e tecnici, che ha preparato gli interpreti dell'informatica che operano e la utilizzano ancora oggi.

Alberto Vitali

Be' ing. devo dire che anche gli annunci di Memorex, made in Vitali, Threesixty, non erano male ... bravo ad averli approvati!

Enzo Maestroni

E' stato bello leggere le 39 pagine in pdf, mi sono venute le lacrime agli occhi, grazie Ettore! Ricordo molto bene "la sfortunata combinazione di eventi" di Eledra. Sono orgoglioso di aver fatto parte per molti anni, direi sino al termine, della "piccola" Evart. Ricordo perfettamente tutto quanto ho letto, scoprendo anche nuovi dettagli che fino ad oggi sono appartenuti a Lei. Di nuovo grazie, un piacevole e nostalgico/sano salto in un passato che tanto mia ha lasciato. Arrivata oggi la versione con copertina flessibile! Sfogliato velocemente. Ora mi preparo alla lettura, anzi, a "rivivere" una bellissima parte della mia vita umana e professionale. Grazie Ettore, grazie per la gradita citazione, che non mi aspettavo, ma, debbo dire sinceramente, mi riempie di soddisfazione e vedermi nel libro, sapendo di essere stato parte di quella "Sua Incredibile Avventura Marketing", rivivendola ora, mi fa sentire un piccolo supereroe! Non è da tutti rivivere un periodo della propria vita in un libro, io, grazie a Lei posso farlo. Sarebbe bello poter leggere anche l'epopea della Eledra 3S! Ma questa è un'altra storia! Premetto che tutto quanto ho letto l'ho vissuto di persona, e rileggere quel periodo entusiasmante è stata una vera e piacevole emozione, ma vedrò di recensire da semplice lettore. Leggere questo libro e come sedersi su un divano con lo scrittore e sentirselo raccontare. La vicenda, raccontata con dovizia di particolari è scritta in modo coinvolgente e per nulla noiosa (in effetti per l'argomento trattato poteva esserlo) ed utilizza una narrazione semplice chiara e diretta, risultato: un'ottima letture per addetti all'argomento e semplici lettori. L'affermazione dell'autore "sembra un romanzo ma è una storia vera" è semplicemente azzeccata. Il libro racconta i 3 anni di questa "incredibile avventura marketing", non solo con dettagli tecnici sicuramente necessari, ma soprattutto, l'autore descrive i sui stati d'animo, pensieri e coinvolgimenti famigliari, dando al racconto la piacevolezza di lettura di un ... "romanzo", ma ... incredibilmente vero. Semplicemente bello.

Simone Valtolini

Anche io l'ho preso perché la storia della Amstrad è legata inesorabilmente a quella della Sinclair, di cui sono grande Fan ed utente dal 1983

NetwareStore

Leggere questo libro e come sedersi su un divano con l'Autore e sentirselo raccontare. La vicenda, raccontata con dovizia di particolari è scritta in modo coinvolgente e per nulla noiosa (in effetti per l'argomento trattato poteva esserlo) ed utilizza una narrazione semplice chiara e diretta, risultato: un'ottima letture per addetti all'argomento e semplici lettori. L'affermazione dell'Autore "sembra un romanzo ma è una storia vera" è semplicemente azzeccata. Il libro racconta i 3 anni di questa "incredibile avventura marketing", non solo con dettagli tecnici sicuramente necessari, ma soprattutto, l'Autore descrive i sui stati d'animo, pensieri e coinvolgimenti famigliari, dando al racconto la piacevolezza di lettura di un ... "romanzo", ma ... incredibilmente vero. Semplicemente bello.

Luigi Daghetti

Un libro che descrive un'esperienza, una vitalità ed una volontà di (ri)mettersi in gioco in qualsiasi momento in quanto il passato, se ben sviluppato, è sempre foriero di professionalità e di fiducia verso la realtà che ci circonda. Affrontare nuove sfide rappresenta sempre uno stimolo a crescere evitando di arenarsi nella consuetudine.

www.ingramcontent.com/pod-product-compliance
Lightning Source LLC
Chambersburg PA
CBHW052242220526
45471CB00001B/157